情勢分析レポート No.27

ミャンマー2015年総選挙
—— アウンサンスーチー新政権はいかに誕生したのか ——

長田 紀之　中西 嘉宏　工藤 年博 著

アジア経済研究所
IDE-JETRO

まえがき

　2015年11月の総選挙でミャンマーは歴史的な政権交代を経験することになった。この出来事については日本でも多くの報道がなされてきたが，アウンサンスーチー氏の率いる国民民主連盟の圧勝という結果からもう一歩踏み込んだ分析的な記述となると，国内外を含めてそう多くなされているわけではない。2015年ミャンマー総選挙の経過と結果を分析する本書は，このギャップを埋め，将来，この選挙を振り返る際の基礎的な資料を提供することを目的としている。

　本書は，アジア経済研究所が組織した機動研究会の成果報告である。この機動研究会は，共著者の3人を委員として選挙前の2015年10月に組織され，選挙の投票日に合わせたミャンマー現地調査と，その前後3度の国内研究会を実施して，資料の収集と情報の整理・分析を行った。

　研究会の調査活動の過程では多くの方々にご協力をいただいた。ここですべての方のお名前を記すことは差し控えるが，選挙の候補者についての詳細なデータベースを提供してくださったOpen Myanmar Initiativeにとくに感謝を申し上げたい。本書の記述にオリジナリティがあるとすれば，それはこの候補者データベースに負うところが大きい。また，いち早く選挙結果を分析し，その情報を共有してくださった北九州市立大学の伊野憲治先生にも御礼申し上げたい。

　本書の内容は，おおむね2016年5月までの情報に基づいている。アウンサンスーチー政権発足後の動向については，またいずれ別の機会にまとめることができればと考えている。

共著者を代表して
長田紀之
2016年7月10日

目　次

まえがき

序　章　2015年総選挙の意義　　　　　　中西嘉宏・工藤年博・長田紀之　　1

第1章　政党と候補者　　　　　　　　　　　　　　　　　中西嘉宏　　9
　　はじめに　9
　　第1節　政党について　10
　　第2節　候補者の属性　19
　　第3節　選挙戦略とキャンペーン　26
　　おわりに　28
　　コラム　選挙運動についていく　32

第2章　2015年ミャンマー総選挙結果を読む　　　　　　　工藤年博　　45
　　はじめに　45
　　第1節　総選挙の概要　46
　　第2節　総選挙の結果　49
　　第3節　得票率からみる投票行動　57
　　第4節　総選挙の意義　65
　　おわりに　67
　　コラム　NLDとUSDPの支持者はだれ？
　　　　　　　──ヤンゴンとミャウンミャでみた総選挙──　71

第3章　管区域・州議会選挙と地方制度　　　　　　　　　長田紀之　　75
　　はじめに　75
　　第1節　地方行政制度のなかの管区域と州　76
　　第2節　2015年管区域・州議会選挙の結果　84
　　第3節　新政権下における地方分権化の行方　92
　　おわりに　94

第4章　アウンサンスーチー政権の発足　　　　　　　長田紀之　　99
　はじめに　99
　第1節　政権移行プロセス　99
　第2節　新政権の顔ぶれ　103
　第3節　アウンサンスーチー政権の始動　112
　おわりに　115

終　章　今後の展望　　　　　　　　　　　　中西嘉宏・工藤年博　121

巻末付録　　　　　　　　　　　　　　　　　　　　　　　　　127
　1．2015年総選挙全政党リスト　128
　2．ティンチョー大統領所信表明演説（2016年3月30日）　132
　3．国家顧問法（2016年連邦議会法律第26号）　134
　4．アウンサンスーチー国家顧問の新年あいさつ　137

序　章

2015年総選挙の意義

中西　嘉宏・工藤　年博・長田　紀之

3つの意義

　どの国でも立法府を構成する議員を選ぶ選挙は重要なイベントである。その結果は，ときに国の行く末を大きく左右する。ミャンマーで2015年11月8日に実施された総選挙は，まさしく同国の今後を左右する歴史的な選挙になった。アウンサンスーチー氏（以下，スーチー氏）率いる国民民主連盟（National League for Democracy: NLD）が大勝をおさめ，与党・連邦団結発展党（Union Solidarity and Development Party: USDP）が惨敗したからである。連邦議会の上下院で過半数を獲得したNLDは，スーチー氏の側近であるティンチョー氏を大統領に選出した。そして，2016年3月30日に新政権が発足する。

　ただ，これだけでは選挙による与野党逆転にすぎず，それほど珍しいことではない。2015年だけでも，ギリシャ，ナイジェリア，デンマーク，カナダ，ポーランドで政権交代があったし，大統領選挙ではあるがスリランカでも政権交代が起き，2016年初頭には台湾でも政権交代があった。そのあと韓国でも野党が総選挙で躍進している。選挙に政権交代はつきものである。

　しかし，ミャンマーの今回の総選挙と政権交代の意義はそうした通常の政権交代とはちがう。なにがどうちがうのか。以下3点を指摘しておこう。

　第1に，ミャンマーで自由で公正な選挙が，ほぼ全国で実施されたことである。これは1990年の総選挙以来，約25年ぶりのことであった。1990年総選挙は1988年にクーデターで政権を握った国軍が主導して実施したものだったが，実態はかなり自由で公正な選挙プロセスだったといわれる。その後，現行の2008年憲法下でも，2010年11月7日に総選挙が実施されている。しかし，2010年総選

挙は，軍事政権が支援するUSDPが勝利するために周到に準備された選挙だった。自由でも公正でもないうえに，NLDを含めた国内の有力政治勢力のいくつかが参加をボイコットしたため，国民がその自由意思に従って立法府に代表を送り込めたとはいえない。

　第2の意義は，2015年総選挙の結果に従って新しい議員と政権が誕生したことである。これは一見当たり前のことのように思われるが，ミャンマーではそうではない。自由で公正な選挙の結果が無視されたことがあるからである。1990年総選挙において勝利したNLDに軍事政権は政権を移譲しなかった。軍事政権は自ら主導する憲法起草を優先するという理由で，新しい議会を招集しなかったのである。そのまま，憲法起草はずるずると先延ばしにされ，結局，2011年3月に民政移管が実現するまで国軍は暫定政権として約20年にわたってミャンマーを支配した。よって，2015年末から2016年初頭にかけて，自由で公正な選挙と，そこで選ばれた議員を構成員とする議会の招集がどちらも実現したのは，それだけで画期的なことなのである。過去の事例となると，1960年総選挙までさかのぼらなければならない。実に半世紀以上前のことである。

　第3の意義は，総選挙での野党NLDの圧勝とスーチー氏を中心とする新政権の誕生である。2015年総選挙の結果は1990年を再現したかのようなNLDの勝利に終わった。軍事政権下で長年にわたって民主化を求め，約15年にわたって自宅軟禁下にあったスーチー氏率いるNLDが，議会両院で過半数を占める勝利をおさめたのである。事前の予想を上回る大勝だったといってよい。これにより，ミャンマーの政治のあり方は大きく変わりそうである。しかも，選挙時や選挙後に懸念されていた社会的な混乱はなく，1990年に起きたような政権移譲の拒否という事態にも陥らなかった。若干拍子抜けするほどスムーズに，長年民主化を求め続けてきた野党勢力への政権交代が実現した。

政治の自由化

　自由で公正な選挙の実施，選挙後の平和的な政権移譲，そして民主化勢力であるNLDが主導する政権の樹立，これら3つが2015年総選挙の意義であった。とはいっても，今回のNLDへの政権交代が同国の完全な民主化を意味するわけではないことに注意する必要がある。厳密にいえば，ミャンマーはまだ民主化

していない。最大の理由は，憲法上，国軍に対して数々の特権が認められているからである。国軍は民主的に選ばれた議員や政府から自律的であり，それにくわえて一定程度の影響力を議会にも政府にも行使することができる。しかも，今回選ばれたNLDの議員たちが，過半数の議席と政権の力によって憲法改正して国軍の特権をなくすことはできない。2008年憲法の改正自体に国軍の支持が必要だからである。この国軍の自律性がなくならないかぎり，ミャンマーを民主化したとみなすべきではないだろう。

　しかし同時に，現状が民主化と呼べないからといって，2015年総選挙の意義が減じるものではない。そもそも半世紀以上も軍事政権が続いた国なのだから，一足飛びに民主化すると期待する方が難しいだろう。2008年憲法は軍政主導で起草されたものだし，2011年3月30日の民政移管の実態は「軍服を着た軍人」から「軍服を脱いだ元軍人」への政権移譲だった。そうしたなかでも，民政移管後のテインセイン大統領率いる新政権はさまざまな改革を断行し，ミャンマーは長年の停滞が嘘のように社会の自由化が進んで，高い経済成長を記録することになった。これ以上ないほど悪化していた欧米との外交関係も急速に改善した。その結果，アジアのフロンティアとしてミャンマーが世界の注目を集めることになったのはよく知られているとおりである。民主化は限定的だったが，社会はより自由になり，経済と外交関係はより開放度を増して発展することになった，というのが2011年の民政移管から2015年までの変化である。

　2015年総選挙の意義とは，まだまだ限定的だった政治の自由化を大きく前進させるものだった。しかも，今回の総選挙とその後の政権交代によって，これからミャンマーが民主化への階段を駆け上がりそうな予感もある。国内外でアウンサンスーチー新政権への期待値はきわめて高い。その一方で，2008年憲法の擁護を主張する国軍と，より民主的な憲法を求めるNLDとのあいだには根本的なところで緊張関係がある。国軍が容認しないかぎり，ミャンマーが民主化することはあり得ず，したがって，簡単に民主化するわけがないという声も少なくない。

　同国の政治の変化がこのまま自由化の段階にとどまるのか，自由化だけでなく一気に民主化してしまうのか。これを判断するには時期尚早であるが，2015年総選挙によって，ミャンマーの政治が新しい段階に入ったことは間違いないだろう。では，この歴史的なイベントとなった2015年総選挙は，どのように実

施され，どういった政治勢力や候補者が参加し，そして，いかにしてNLDが勝利し，アウンサンスーチー主導の新政権が生まれたのか。こうした問いを本書では検討していく。

めまぐるしく変化するミャンマー情勢のなかで，いまや2015年総選挙は過去の出来事になりつつあり，多くの人々の話題はアウンサンスーチー新政権の行方である。もちろん，それが大事なことは間違いないが，今後10年，20年たって，ミャンマー政治の転換点を振り返るとき，2015年総選挙とその後の政権交代は必ずふれられるイベントになる。また，5年後，10年後に実施される総選挙において，その結果を分析するときの基準点となる選挙がこの2015年総選挙だろう。NLDが地滑り的勝利をおさめたという選挙結果だけでなく，選挙制度，政党，候補者，選挙運動，各地域の選挙結果に立ち入った検討が不可欠だと思われる。

議会の制度と総選挙

ミャンマーの政治制度と総選挙について概説する。ミャンマーの執政制度は基本的には大統領制である。ただし，議院内閣制の要素も含まれており，両制度の混合とみなすこともできる。国家元首は大統領で，執政府が立法府と明確に区分されている点（たとえば，正副大統領や閣僚になった議員は議席を失う）では大統領制である。大統領の選出は国民による直接選挙ではなく，連邦議会議員による間接選挙であるため，議会の第1党が大統領を選出する可能性が高くなる。また，憲法上，大統領が議会に責任を負うことが明記されており，これらの点では議院内閣制に近い。

ミャンマーの議会は連邦議会と地方議会から成り立っている。ともに任期は5年である。連邦議会は下院（ビルマ語を直訳すれば人民議会）と上院（ビルマ語を直訳すれば民族議会）の二院制をとり，下院の定数は民選議席が330と軍人議席が110の合わせて440議席で，上院の定数は民選議席168と軍人議席56，合わせて224議席である。ここで軍人議席というのは，国軍最高司令官による指名に基づいて大統領が任命する議員が占める議席で全員が現役軍人である。彼らが選挙で選ばれることはない。それどころか軍内の事情等で人事異動の対象にもなり，必ずしも議員の任期を全うする必要はない。

下院と上院は，立法権限上は対等である。大統領選出過程でも両院の民選議員はそれぞれ大統領候補を指名することができるし，連邦政府予算についても両院の権限は同等である。ただし，立法過程という点では，下院が実質的に優位である。というのも，下院と上院とのあいだで法案の採決結果が分かれた場合は，両院を合わせた連邦議会において再び審議と採決を行うが，下院の定数が多い分，連邦議会での採決では下院の結果が反復される可能性の方が高いからである。

　地方議会は全国7つの管区域（region）と7つの州（state）に設置されており，任期は連邦議会と同様に5年である。地方議会の議員定数についてはやや複雑で，詳しくは第3章を参照してもらいたいが，大ざっぱにいえば，ひとつの郡（township）からふたりの代表が選出されるという原則と，それに少数民族人口によって議席が加わる。それらを合計して880議席ほどが全地方議会の議席数と考えればよい。そこに当選者の3分の1（全体の4分の1とほぼ同じ）の軍人議員が加わる。地方議会の首長（管区域首相，州首相）は大統領による指名と議会の承認で任命される。連邦政府の大統領は連邦議会議員である必要はないが，地方の首長はその議会の議員でなければならない。議会の承認が必要ではあるものの，憲法上の資格要件にかかる明確な拒否理由がなければならず，実質的に大統領が任命するといってよい。議会の立法権は憲法の付表2にリスト化された分野についてのみ認められる。

　つぎに選挙制度についてである。今回の総選挙は現行の2008年憲法に基づいて行われた2回目の総選挙である。連邦議会も地方議会も同日に一斉改選するため，全国で1000を越える議席が争われる。選出の仕組みは単純小選挙区制で，最多得票を得た候補者が当選する。

　選挙区割りについては連邦下院と連邦上院，地方議会でそれぞれ異なる。連邦下院は全国の郡がそのまま選挙区になっている。連邦上院は隣接郡を人口に合わせて組み合わせて選挙区をつくり，各管区域・州で12人ずつ選出されるようになっている。人口規模でいえば，管区域の方が多いので，一般的にいって州の方がより少ない票で候補者が当選できることになる。若干，州からの選出が多くなるような設計になっているわけである。他方，地方議会については郡を2分割して，それぞれが1選挙区となる。

　選挙権は18歳以上のミャンマー国民に与えられる。ただし，仏教僧のような

宗教従事者には投票権は認められていない。2015年総選挙の有権者数は全国で約3400万人である。一方，被選挙権の年齢的な制限は下院で25歳以上，上院で30歳以上である。さらに議員になるには，両親ともにミャンマー国民でなければならず，10年以上連続してミャンマー国内に居住した事実がなければならない（公式の理由での海外滞在は除外）。地方議会議員の被選挙権は下院と同じである。

　本書の内容

　本書は序章と4つの章および終章からなる。第1章は政党と候補者について検討している。今回の選挙は，約25年ぶりの自由で公正な選挙ということもあって，参加政党も候補者数も前回の2010年選挙より大幅に増加した。では，選挙を争う主要政党はどういった政党で，候補者たちはどういった人たちなのか。主要政党の公約はどういったもので，いかにキャンペーン活動を展開したのか。こういった点を，おもに候補者のプロフィールに関するデータをつかって分析する。それにより，候補者全体の傾向と，NLDとUSDPの二大政党の候補者にどういったちがいがあるかを明らかにした。また，本章に続くコラムでは，現地調査に基づいてキャンペーン活動の具体的な様子を写真とともに紹介する。
　第2章では政党別の獲得議席と得票率に基づき，2015年総選挙の結果を検討している。全国政党のNLDとUSDPでは明暗が分かれた。スーチー氏が率いるNLDが連邦議会の民選議席の79.4％を獲得したのに対して，テインセイン大統領が率いるUSDPは8.4％しか獲得できなかった。第3党，第4党は少数民族政党となった。管区域ではNLDが高い得票率を得るとUSDPの得票率が低くなっており，両党は直接の競合関係にある。これに対して，州ではNLDは少数民族政党と競合している。しかし，各州において少数民族政党は必ずしも多くの議席を得ていない。ヤカイン州やシャン州など有力な少数民族政党が存在するところでは，票はこうした政党に一定程度流れ，地元の有力政党が存在しないところ，あるいはいくつかの少数民族政党が分立したところではNLDが選ばれるという結果になった。最後に，1990年人民議会選挙と2015年下院選挙の比較から，テインセイン大統領・USDPが主導した改革と経済成長の実績を評価した有権者がある程度いた可能性を示唆した。以上のような検討に基づき，2015年総選挙

の結果が「ポスト軍政」の政治においてもつ意味をまとめている。

　第3章では，2008年憲法下の地方行政制度を検討したうえで，2015年総選挙における地方選挙の結果を分析する。ミャンマーでは2008年憲法によって一部が選挙で選ばれた地方議会が導入されたが，依然として中央集権的色彩の濃い制度となっている。2015年の地方選挙の結果はおおむね連邦レベルの上・下院選挙と同様の結果となった。民族に着目した分析からは，少数民族の多い7つの州のうち5州でNLDが最大議席を獲得した一因には，NLDがこれらの地域で多くの少数民族出身者を候補者に立てていたことがあると示唆された。残るふたつの州では地方議会でNLDが多数派とならなかったが，そのような州では大統領の任命する州首相の人事をめぐって，NLDと野党とのあいだの亀裂が表面化することになった。

　第4章は，2015年総選挙の結果，実質的なアウンサンスーチー政権として誕生したNLD新政権について，その発足の経緯と要職人事について記述する。選挙直後から平和裏の政権交替が進展したが，その過程では，現行憲法の規定により大統領就任を阻まれているスーチー氏が，いかなるポストを得るかが焦点となった。結果的に，スーチー氏は外務大臣などの執政府の閣僚として新政権発足を迎えたが，まもなく国家顧問という新たなポストが創設され，名実ともに国政の指導者としての地位を確立した。その他の要職人事については，バランスを重視した慎重な人選が行われた。連邦政府の閣僚人事では，実務経験や学歴が重視されて党外から多くの人材が採用された一方，地方の管区域・州首相人事では，古参NLD党員の登用が目立った。

　終章では，本書全体の締めくくりとして，新政権下でのミャンマーの政治と経済のゆくえについて，現時点での見通しを示した。

第 1 章

政党と候補者

中 西 嘉 宏

はじめに

　本章では2015年総選挙までの経緯について政党と候補者に焦点を当てて検討する。同選挙に参加した政党，候補者，選挙運動の事例について紹介するとともに，その特徴を明らかにしていきたい。

　まず第1節で今回の選挙に参加した政党について解説する。2015年総選挙は全国レベルでみると組織的な成り立ちが対照的なふたつの政党，すなわち軍事政権によってつくられたといってもよい連邦団結発展党（Union Solidarity and Development Party: USDP）と，反軍政の国民運動から生まれた国民民主連盟（National League for Democracy: NLD）によって争われた。また，少数民族地域ではいくつかの有力少数民族政党が参加した。それらを簡単に紹介する。

　つづいて，第2節では候補者全員の社会的な属性に関するデータを使って，候補者の全体像とUSDPとNLDの候補者について，その特質を明らかにする。興味深いのは，USDPとNLDの各党の候補者の属性を比較したとき，年齢や女性率ではちがいがあるのに対して，民族，宗教，学歴の点ではあまりちがいがないということである。第3節では選挙運動の具体的な様子について素描するとともに，主要な全国政党であるNLDとUSDPの戦略のちがいについて検討する。この作業はNLDの地滑り的勝利の原因を検討するうえでも，また今後も繰り返される選挙という手続きのミャンマー的特質を知るうえでも有意義であろう。

第1節　政党について

1．参加政党数と候補者の増加

　2015年総選挙は5年任期の連邦議会と地方議会の一斉改選を目的とするものだった。そのため，多くの政党と候補者が参加した。参加政党数は91政党，その所属候補者たちと無所属の候補者たちを合わせて，下院選挙に1734人，上院選挙に886人，地方議会に3419人，合計で6039人が立候補した。この数字を2010年総選挙と比較すると，参加政党数は37政党から91政党へと大幅に増加した。立候補者数については，2010年が3069人（上院：479人，下院：989人，地方議会：1601人）だったので，今回の総選挙の立候補者の6039という数は前回の約2倍である。

　なぜ，これほど参加政党と候補者が増えたのか。最大の理由は，テインセイン政権下における自由化と民主化勢力との対話の結果であろう。2010年総選挙は，重要な選挙であったが，当時，軍事政権に対する内外の不信は強く，1990年に実施した総選挙の結果を尊重しなかった経緯もあって，選挙と民政移管後に改革の時代が待っているとは，ほとんどの人が予想していなかった。2003年に発表された「民主化への7段階のロードマップ」どおりに民政移管するかさえ，わからなかったのである。この選挙当時は，アウンサンスーチーNLD議長（以下，スーチー氏）がまだ自宅軟禁中であった。NLDが政党登録するには彼女の除名が必要だったため，NLDはボイコットを決めた。仮に軍政が約束どおり民政移管したとしても，国軍の政治的役割が認められた憲法のもとで，かつての将軍たちがUSDPを通じて横滑りで政権につくことは明らかだったため，民主化はもちろんのこと，自由化への期待すら高くなかった。そもそも政治活動自体が制限されていて，また，政党登録期間も短かったのだから，登録政党数が37程度にとどまるのも不思議なことではなかった[1]。

　民政移管後，スーチー氏とテインセイン政権との対話が進み，NLDの政治犯も大量に解放された。そして2012年4月1日の補欠選挙にNLDは参加し，争われた45議席中43議席を獲得するという圧倒的な勝利をおさめた。スーチー氏自身も下院の議員となり，いわゆる政治的包括性（political inclusiveness）がより拡

大した。政治的包括性の拡大とは，簡単にいえば，政治のルールに合意するグループが増えたということである。多くの国では，政治勢力が一定のルールのもとで競争することは当たり前のことであるが，ミャンマーの場合はそうではなかった。1988年から憲法も議会ももたない軍事政権が続くなかで，各政治勢力が政治の基本的なルールにすら合意できていなかった。軍政主導の国民会議によって起草された新憲法は，2008年5月に国民投票で92.45%というにわかに信じがたい信任率で成立したが，最大野党であるNLDや一部の少数民族政党は同憲法の正統性を認めなかった。そのため，2012年まで政治的包括性という点でミャンマーは大きな問題を抱えていたのである。91という2015年総選挙への参加政党数は2010年の総選挙時にはなかった政治的包括性の問題を同国が解消したということになるだろう。

　さて，政党別候補者数を示したのが表1-1である（政党名については巻末のリストを参照）。まず，下院ではUSDPとNLDの候補者数は同じで316人であった。上院ではUSDPが最も多い164人を擁立し，つづいてNLDが163人を擁立した。参加政党数は多いものの，ほぼ全国の選挙区で候補者を出せたのはこの2党だけである。以下に詳しく述べるように，USDPは軍事政権が後ろ盾になってつくりあげられた政党で，実態としては官製政党である。他方，NLDは1988年の大規模な反政府運動を背景に結成され，その後軍事政権の弾圧を受けながらなんとか生き延び，2012年の補欠選挙以降に再活性化した市民社会を基盤にした政党である。組織の形成過程は対照的だといってよい。これら2党による一騎打

表1-1　2015年総選挙における政党別候補者数

(単位：人)

政党名	下院（選挙区数323）			上院（選挙区数168）		
	管区域	州	全体	管区域	州	全体
連邦団結発展党（USDP）	207	109	316	84	80	164
国民民主連盟（NLD）	206	110	316	84	79	163
少数民族政党 56党	64	305	369	30	213	243
その他 33政党	532	111	643	179	95	274
無所属	60	30	90	11	31	42
合計（全91政党＋無所属）	1,069	665	1,734	388	498	886

（出所）　連邦選挙管理委員会発行の候補者リスト等より集計。

ちが選挙の基本的な構図であった⁽²⁾。

　一方で少数民族が多数を占める州になると構図が若干変わってくる。表1-1の少数民族政党56政党の立候補者数をみればわかるように，これらの政党はビルマ民族の多い管区域ではなく，自身の民族が多い地域で集中的に候補者を出している。しかも，州をまたいで候補者を出す政党はほとんどない⁽³⁾。

　くわえて注意が必要なのは，同じ民族名を冠した政党がいくつもあることである。これは，民政移管後の自由化のなかで少数民族意識が高まっていることを感じさせるが，それと同時に民族のようなアイデンティティを柱にした政党の組織化が容易ではないことを示しているだろう。たとえば，シャンという民族名を冠した政党は上記のシャン民族民主党（Shan Nationalities Democratic Party: SNDP）とシャン民族民主連盟（Shan Nationalities League for Democracy: SNLD）に加えてさらに3つある。ほかにも，主要な少数民族順に挙げれば，カチンを冠した政党が4つ，カインが5つ，カヤー（カヤン）が2つ，チンが3つ，モンが3つ，ヤカインが3つ，といった具合である。

　たとえば，筆者がカチン州の著名な議員にインタビューしたところ，その議員は政党登録前にも，また政党登録後もカチンの少数民族政党を統合すべく働きかけたが，統合によって2010年総選挙時のように政党登録を拒否されるのではないかという懸念や，各党の党首が統合の選挙戦略上の意義も理解できなかったため，統合に失敗した，と語った⁽⁴⁾。政党を組織し選挙に勝利するためのノウハウの蓄積にはまだ時間がかかりそうである。

　政党の組織化に苦戦した政党があったより一般的な理由として，政治にかかわることへの国民の忌避感も無視すべきではないだろう。これは少数民族地域に限ったことではない。2011年からミャンマーでは驚くスピードで自由化が進んでいるとはいえ，改革が始まってわずか4年半である。政治にかかわることへの警戒感は多くの人々からまだ消えていない。筆者が各地のNLD事務所で行ったインタビューでも，スーチー氏やNLDへの支持は強いと感じるが，積極的に党の活動にかかわろうという人は少ないと語る関係者が多かった。ほかにも例を挙げれば，選挙前のミャンマーで選挙に関する世論調査を試みたアジア・バロメーター・サーベイ（Asia Barometer Survey）によると，望ましい大統領はだれかという質問に対して回答者の半分以上が回答を拒否し，どの政党に投票するかといった問いにも半数は答えなかったという⁽⁵⁾。回答できないというよりも，

つぎに，各選挙区での競争の程度について知るために，選挙区当たりの立候補者数をみてみたい。表1-2を参照されたい。最も多い候補者数は下院で13人，上院で14人である。最少候補者数は両院ともに2人と，かなり幅がある。全国平均は下院が5.37人，上院が5.27人とほぼ同じである。管区域・州別にみていくと，まず，下院と上院を比べると，チン州，タニンダーイー管区域とモン州を除いて，下院の方が上院よりも1選挙区当たりの候補者数が多いことがわかる。下院で平均候補者数が最も多いのはカチン州で7.00人である。上院でも1選挙区当たりの平均候補者数が最も多いのがカチン州で6.92人になっている。これは同州で少数民族政党が乱立した結果である。ただし，ほかに6人以上の平均候補者

表1-2　選挙区当たりの候補者数

（単位：人）

	下院	上院
最多候補者数	13	14
最少候補者数	2	2
全国平均	5.37	5.27
ネーピードー連邦直轄地	4.13	−
ザガイン管区域	4.16	3.50
タニンダーイー管区域	4.00	4.17
バゴー管区域	5.75	5.33
マグウェー管区域	5.04	4.58
マンダレー管区域	4.61	3.83
ヤンゴン管区域	6.09	5.83
エーヤーワディー管区域	5.85	5.08
カチン州	7.00	6.92
カヤー州	6.43	6.17
カイン州	6.71	6.67
チン州	5.00	5.17
モン州	6.30	6.50
ヤカイン州	5.24	5.17
シャン州	5.21	4.92

（出所）Open Myanmar Initiative 作成の候補者データベースを基に作成。

数となっているカヤー州，カイン州，モン州，ヤンゴン管区域については，非少数民族系の少数政党から候補者が目立つため，カチン州とは選挙区当たりの候補者数が多い理由が異なる。可能性としては，管区域でのNLDの優勢が予想されるなかで，よりNLDの影響力が低い州での当選をねらった非少数民族系政党の戦略の結果であろう。

2．主要政党

以下では，主要政党について解説を加えていく。主要政党であるUSDPとNLDの公約については第2節に記している。

連邦団結発展党（USDP）

2010年3月29日に結成，政党登録された。その際，基盤となった組織は1993年に結成された国軍の大衆動員組織である連邦団結発展協会（United Solidarity and Development Association: USDA）である。USDAは公務員とその親族を中心に，公称で約2000万人が所属しているとされ，中央から村落部に至るまで組織がつくられていた（Network for Democracy and Development 2006）。軍政幹部は「パトロン」や党幹部として協会の活動を支援していた。軍事政権の動員組織であることから，概して国民からは不人気で，協会員の多くは義務として入会しており，積極的に協会の活動に参加していたというわけではない。このUSDAが2010年選挙のために政党としてUSDPに再編された。党首に就任したテインセイン元大統領をはじめ，幹部クラスには元将軍が多い。他方，USDP議員全体をみるとビジネス関係者や公務員出身者が過半数を占める（中西 2015）。理念的な柱も弱い，いわば急造の政党である。とはいえ，ネーピードーの一角にある巨大な党本部が象徴するように，潤沢な資金と豊富な人員に支えられた党組織はほかの党よりもはるかに強い。

国民民主連盟（NLD）

1988年の大規模な民主化運動を背景にして，同年9月18日のクーデター直後に認められた政党結成・登録に際して，アウンジー元将軍を議長，ティンウー元国軍最高司令官を副議長，スーチー氏を書記長にして結成された。その後，アウンジーが党を脱退し，スーチー氏が自宅軟禁されたが，1990年の総選挙では485議席中392議席を獲得する圧勝を果たした。しかし，軍政が同選挙の結果を受け入れなかったため，それに反対する党員たちが逮捕されるなど，長く弾圧される結果となった。スーチー氏は断続的に，約15年にわたって自宅軟禁下におかれていた。国際人権NGOのヒューマン・ライツ・ウォッチによると，2008年時点で約2100人が政治的な理由によって投獄されていたという（Human Rights Watch 2009）。組織的にもかなり弱体化していたが，2010年11月13日にスーチー氏が自宅軟禁から解放され，2011年の民政移管後にテインセイン政権との対話が進んだことで，2012年4月1日の補欠選挙への参加が決定された。この補欠選挙のキャンペーン以来，

第1章　政党と候補者

NLD は組織的に息を吹き返して，その結果，争われた45議席中43議席を獲得して連邦議会の野党になる。スーチー氏自身も下院議員になった(6)。

シャン民族民主連盟（SNLD）

1988年にクントゥンウー氏をリーダーにして結成された。1990年の総選挙ではシャン州で広範な支持を集め，NLD に次ぐ第2党となった。その後，1993年に軍政主導で始まった憲法起草のための国民会議には参加したものの，1996年から中断されて2003年に再開した国民会議への参加は拒否したため，2005年には党指導者が逮捕され，懲役刑を受けた。これによりさらに軍事政権への態度は硬化し，2008年憲法も受け入れず，2010年総選挙もボイコットした。その後，NLD 同様に新政権の改革姿勢を一定程度評価し，2012年の補欠選挙時に政党登録をした。党首は結党当時から変わらずクントゥンウー氏である。ボイコットした2010年総選挙では，別の少数民族政党であるシャン民族民主党（SNDP）が上下院で21議席を獲得しており，今回は両党の対決が注目された。

ヤカイン民族党（Arakan National Party: ANP）

2014年1月にヤカイン民族発展党（Rakhine National Development Party: RNDP）とヤカイン民主連盟（Arakan League for Democracy: ALD）が統合されて政党登録された。RNDP は2010年総選挙時に結成され，連邦議会に20人，地方議会に24人候補者を出し，それぞれ16人と19人の当選者を出した。USDP が圧勝した2010年総選挙結果では最も健闘した政党のひとつである。もう一方の ALD は1989年に元学生活動家のトゥンエー氏を中心に結成されて，1990年の総選挙でヤカイン州では NLD の獲得議席に肉薄する得票を獲得した（11議席を獲得）。しかし，1992年に連邦選挙管理委員会から政党活動の禁止措置を受ける。その後も NLD との協力関係のなか活動を続け，2012年の補欠選挙後に再び政党登録を行った。

無所属候補

今回の総選挙は無所属候補者のなかに与党 USDP に所属する幹部が含まれていた。たとえば，テインセイン政権下で大統領府付大臣として，少数

民族武装勢力との全土停戦合意交渉を統括していたアウンミン氏や，同じく大統領府付大臣として経済改革全般に影響力をもっていたソーテイン氏である。彼らはともに，有権者が少なくて USDP 候補者の当選が容易だと考えられていたカヤー州からの立候補を望み（実際にはカヤー州でとくに USDP が強かったわけではないので，USDP 執行部はこの時点で票を読み違えていたようである），USDP の執行部から拒否された結果，カヤー州の上院選挙区で無所属での立候補を決断している（結果はアウンミン氏が落選，ソーテイン氏は当選）。ほかにもテインセイン大統領の元秘書官がピューから独立候補として立候補した。

3．NLD と USDP の公約

　主要政党である NLD と USDP の公約について検討する。NLD は「変化の時は来た」という本選挙のスローガンが象徴するように，より民主的な政治への変革を訴えた。その公約の内容は良くも悪くも理想を語る。直接ではないものの，国軍に対する統制にも言及する。一方，USDP は国内和平や経済発展とバランスのとれた民主化を志向して国軍の政治関与を現時点では認める立場にある。そのうえで将来よりも，テインセイン政権下での実績を強調する。実行力への支持を求めたわけである。

　以下では，公約を具体的にみていくが，参考資料について付言しておくと，NLD がミャンマー語と英語で公約を発表したのに対し，USDP は文書のかたちで公約を発表することはなかった[7]。そのため，ここでの USDP の公約については国営テレビで放送され（2015年9月18日），その後国営紙『チェーモン』（Kyemon）に掲載された政見放送の原稿を基に紹介する。両者の参考情報の分量に大きなちがいがあり，厳密な比較ではないことを断っておく。

（a）NLD の公約

　NLD の公約集はミャンマー語で20ページ（英語で25ページ）にわたるもので，4つの大きな目標，すなわち（1）民族間関係と国内和平，（2）諸民族と人々が安寧で平和にともに手をとりあって生きていくことを保証できる憲法，（3）人々を公正かつ正当にまもる行政制度，（4）自由で平和的な発展，これらについて

どういった行動をとるのかが記載されている。具体性に欠ける部分や構成上の不備が少なからずあるものの、同党の基本的な政治理念を知るには有用な文書である。

　まず、(1)「民族間関係と国内和平」は6つの項目からなっており、その大原則は「すべての民族の団結をとおした平和、発展、強固な連邦（Union）の確立に努める」(1-1) ことである。その内容は、ひとつは紛争当事者との政治対話 (1-2) である。さらに、自由、平等な権利、自決を原則として「フェデラル民主連邦」(Federal Democratic Union) の成立に努めることを約束し (1-3)、そのためにもビルマ民族の多い管区域と少数民族の多い州とのあいだの公正で平等な関係を強調する。なかでも天然資源の利益を管区域・州間で平等に配分することが約束されていることが重要だろう (1-5)。

　次いで (2) の「諸民族と人々が安寧で平和にともに手をとりあって生きていくことを保証できる憲法」については、あるべき憲法として6つの要素、すなわち基本的人権と標準的な民主主義、憲法の内的一貫性、民族の権利保障とフェデラル民主連邦の確立、真の複数政党制の創出、司法・立法・行政のバランス、市民の平等権の擁護、が示されている。

　(3) の「人々を公正かつ正当にまもる行政制度」は上記の (1)、(2) に比べると、項目が23と多い。その最初にあるのは、政府支出の削減とより効率的な政府をめざした大臣ポストの削減 (3-a-1) である。つぎに、汚職のない社会の創出に努めることが述べられる (3-b-2)。そして、人々の利益のための立法 (3-b-3)、公正で偏りのない司法システム (3-b-4)、「法の支配」を支える執政と司法 (3-b-5)、などが約束される。このうち司法システムについては、さらに詳しく6項目の行動が示される、その大半は司法の独立を謳うものである。

　そのあとに国防に関する項目が6つ並ぶ。国軍のあり方とも関係しており、重要な部分になる。まず、国軍が国家にとって不可欠な制度であることを認め (3-c-1)、地政学的な戦略に基づいて近代的な水準に沿った国軍の発展が約束される (3-c-2)。そのうえで、最も重要なのは、国軍と国防のための諸制度が執政と行政の下に入るように努めることが明示されていることだろう (3-c-3)。たとえば「文民統制」のようなはっきりとした言葉づかいではないが、現憲法下の国軍の自律性を縛る必要性があることは読み取れる。外交については、独立した外交政策をめざすことを強調しながら、同時に、勃発した国際問題につ

いては「真の民主的価値の側に立つ」と明言している (3-d-1)。

(4)「自由で平和的な発展」は，(1) から (3) に比べて格段に項目が多く，経済，農業労働者，畜産・漁業，労働者，教育，保健，エネルギー，環境，女性，若者，コミュニケーション，都市に関する公約が列記されている。紙幅の関係上，細かくは紹介できないので，重要部分を選んで紹介しておきたい。

最も重要なのはもちろん経済であろう。まず，透明性があって，賢明な支出，規律を伴った財政の確立が約束され，より具体的には体系的な徴税のための税制導入と，中央集権的な財政コントロールから連邦と地方との権限と責任との適切な分担や，地方政府間での公正な財政配分である (4-i-1)。続けて，金融マーケットの確立 (4-i-2a)，中央銀行の独立性 (4-i-2b)，外国資本を呼び込むための経済協力推進 (4-i-3)，インフラ整備 (4-i-4)，農地開発時の環境や生態系への配慮 (4-i-6) が約束されている。農業政策については「農業労働者」(4-ii) でかなりのスペースが割かれており，しかも，最初の項目が「農民の権利と経済的な利益は保護されなければならない」(4-ii-1) とあるように，農業セクターの経済的な価値よりも，まずは農民の権利と生活の保護が優先されている。そのうえで，農業機械化，有機農法の推進，輸出用の農産物生産の振興といった農業セクター全般の発展策がややランダムに列記されている (4-ii-2)。

(b) USDPの公約

USDPの政見放送に登場したティンナインテイン書記長は，まず自らの実績をアピールするところからはじめた。自分たちこそ変化をはじめた政権だと強調する（「民主化の起源はUSDPからだ」）。そして，ミャンマーの政治移行を3つの段階に分ける。まず，民主化への準備期である。この時代は国家法秩序回復評議会 (State Law and Order Restoration Council: SLORC) と国家平和発展評議会 (State Peace and Development Council: SPDC) による，いわゆる軍政時代を指し，その時代における憲法制定と選挙の実施を評価する。そのうえで第2段階が民主制建設のための改革期であり，これは2011年の民政移管以降のことで，テインセイン大統領の改革の成功は明らかだと強調する。

そして，第3段階である。個の時代は民主制の発展と定着の時代だという。ただし，この時代はまだ訪れていないし，すぐに訪れない。第3段階の前に国内和平や民族問題など多くの課題があるために，安定を優先する必要があるか

らだというのが USDP の主張である。とくにこの政見放送のなかでは国内和平の問題が安定を必要とする理由として強調されている。憲法改正については，今後の民主制定着のためには改正が必要になってくることは認めつつも，現在のような国内和平が成立していない状態では国軍が立法府，執政府，人々とともに活動をしていかなければならないとし，現状の国軍の政治関与を肯定する。この第3段階に到達するには国内の平和と経済発展を伴う必要がある，というのが USDP の元来からの主張である。民主制の定着の前に USDP としておもに優先すべきは，国内和平については「真の永久和平」，経済政策の目標としては「中所得国水準への到達」だとする。このように，USDP は民主化という論点にはどうしても消極的にならざるを得なかった。

　民主化という論点に代わって，USDP はテインセイン政権下の実績を列挙していく。たとえば，立法をとおしての新制度の導入，貧困削減の推進，最低賃金の設定，教育・保健分野での諸活動，女性問題への取り組みなどである。なかでも最も強調されるのは経済的な成果である。2010年から貿易量が91％増大したこと，投資が同時期に約45％増えたこと，電気のある村が2万7000超まで増加したこと，インターネット人口が180万人近くまで増えたこと，など具体的な数字を使ってその実績をアピールするのである。そして，最後に「人々の生活を将来より発展させ，よくしていくように，スピード感をもって実行してくれる政党と，能力のある候補者を優先して選んでください」と締めくくった。

第2節　候補者の属性

　今回の選挙の候補者はどういった人たちだったのだろうか。以下ではまず，候補者全体のプロフィール上の特質を概観したうえで，主要政党である NLD と USDP を比較する。

1．全体像

　まず，候補者全体の基本的な属性からみてみたい。具体的には年齢，性別，民族，宗教について検討していく。まず，年齢である。表1-3は候補者の平均年

令と年代を示している。平均年齢は下院が53.4歳，上院が53.5歳でほぼ同じである。年代としては，下院，上院ともにちがいはなく，最も多い候補者は60代で，それに続くのが50代である。上院に20代がひとりもいないのは被選挙権の資格要件が30歳以上だからである（下院は25歳以上）。

性別は表1-4のようになっている。下院，上院ともに男性が多く，女性の割合はそれぞれ13.1%（1734人中227人）と13.7%（886人中121人）である。2010年総選挙の候補者の女性比率についてはわからないため，単純比較はできないが，第1期連邦議会議員のなかで選挙によって選ばれた議員494人中，女性は29人と，わずか5.9%にすぎない（中西 2015）。これにはUSDPの女性比率が低いことが効いているものと予想され，のちにみるように，2015年総選挙の候補者についてもUSDPの女性比率は低い。

表1-5は管区域，州ごとの候補者の主要な民族（人数順に上位3つ）を示している。ふたつのことがわかる。まず，下院と上院のあいだに差があまりないことである。制度的には，上院の方が州からの代表性がわずかに高くなる制度設計になっており，少数民族の候補者が多くなりそうなのだが，この表をみるかぎり，両院の制度設計が候補者の民族には影響を与えていないようである。

つぎに，州における候補者の民族的多様性も注目すべき点だろう。管区域はビルマが多く，州についてはそれぞれの州の名前を冠した民族が多数ではあるものの，管区域におけるビルマの候補者が占める割合が下院のエーヤーワディー管区域で70.5%を最低として，多くの地域では90%を越えているのに対し，州で80%以上の多数を占める候補者の民族はヤカイン州とチン州のヤカインとチンだけである。他方で，カチン州やカヤー州では主要とされる民族の候補者の構成率が30%前後にすぎず，少数民族州といっても州のあいだの少数民族候補者数にはずいぶんと差があることがわかる。2014年に約30年ぶりに実施された

表1-3　候補者の年齢別分布
(単位：人)

	下院	上院
平均年令	53.4歳	53.5歳
20代	53	0
30代	243	136
40代	357	183
50代	403	240
60代	567	280
70代	104	45
80代	7	2
合　計	1,734	886

(出所)　表1-2に同じ。

表1-4　候補者の性別
(単位：人)

	下院	上院
男　性	1,507	765
女　性	227	121
合　計	1,734	886

(出所)　表1-2に同じ。

第1章　政党と候補者

表1-5　管区域・州ごとの連邦議会議員候補者の主要な民族分布

地域	下院			上院		
	民族名	人数	割合(%)	民族名	人数	割合(%)
ネーピードー連邦直轄地	ビルマ民族	33	100.0	-	-	-
ザガイン管区域	ビルマ民族	130	84.4	ビルマ民族	35	83.3
	ナガ民族	8	5.2	ナガ民族	2	4.8
	シャン民族	7	4.5			
タニンダーイー管区域	ビルマ民族	34	85.0	ビルマ民族	37	74.0
	モン民族	3	7.5	モン民族	5	10.0
	ダウェー民族	2	5.0	ダウェー民族	3	6.0
バゴー管区域	ビルマ民族	148	91.9	ビルマ民族	58	90.6
	ビルマ民族-シャン民族	3	1.9	カイン民族	5	7.8
マグウェー管区域	ビルマ民族	121	96.0	ビルマ民族	54	98.2
	チン民族	3	2.4	インド系ビルマ民族	1	1.8
マンダレー管区域	ビルマ民族	121	93.8	ビルマ民族	45	97.8
	パラウン民族	2	1.6	ヤカイン民族	1	2.2
ヤンゴン管区域	ビルマ民族	246	89.8	ビルマ民族	60	85.7
	カイン民族	5	1.8	カイン民族	3	4.3
	ヤカイン民族	3	1.1	ヤカイン民族	3	4.3
エーヤーワディー管区域	ビルマ民族	119	78.3	ビルマ民族	43	70.5
	カイン民族	26	17.1	カイン民族	16	26.2
カチン州	カチン民族	38	30.2	カチン民族	23	27.7
	ビルマ民族	24	19.0	ビルマ民族	17	20.5
	シャン民族	15	11.9	シャン民族	16	19.3
カヤー州	シャン民族	15	33.3	カヤー民族	24	32.4
	カヤー民族	9	20.0	シャン民族	16	21.6
	ビルマ民族	8	17.8	ビルマ民族	8	10.8
カイン州	カイン民族	23	48.9	カイン民族	48	60.0
	ビルマ民族	12	25.5	ビルマ民族	11	13.8
	モン民族	6	12.8	モン民族	8	10.0
チン州	チン民族	33	73.3	チン民族	51	82.3
	ビルマ民族	4	8.9	クミー民族	5	8.1
	ヤカイン民族	2	4.4	ヤカイン民族	2	3.2
モン州	モン民族	31	49.2	モン民族	32	41.0
	ビルマ民族	17	27.0	ビルマ民族	35	44.9
	カイン民族	6	9.5	カイン民族	5	6.4
ヤカイン州	ヤカイン民族	78	87.6	ヤカイン民族	53	85.5
	チン民族	3	3.4	ムロ民族	4	6.5
				チン民族	2	3.2
シャン州	シャン民族	112	44.8	シャン民族	22	37.3
	ビルマ民族	37	14.8	ビルマ民族	7	11.9
	ダヌ民族	12	4.8	ダヌ民族	5	8.5

(出所)　表1-2に同じ。

センサスの結果が民族分布については公表されていないため，現在の管区域・州ごとの民族分布はいまだ不明である[8]。よって，これが住民や有権者の民族分布とどの程度ちがいがあるのかはわからない。もし人口上の民族分布と候補者の民族分布とのあいだに大きな差がある場合，つまり，人口に比して特定少数民族の候補者が少ない場合，民族単位での政党の組織化が一部の州では弱いということになるだろう。

最後に宗教である。表1-6が示すように，全体の85.0％の候補者が仏教徒である。キリスト教徒の候補者は全体で373人（14.2％）おり，下院に212人（12.2％），上院に161人（18.2％）と，上院の方がキリスト教徒の割合が高い。下院でキリスト教徒がより少ないのは，単純に下院の選挙制度上，仏教徒が多い管区域により多くの選挙区が割り振られており，それに伴って候補者も仏教徒が多くなるためだと考えられる。ただ，これも宗教別の人口が発表されていない現在では正確に知ることができない。

宗教別の候補者の割合と有権者の宗教別割合がどの程度同じでどの程度ちがうのかを知ることも同じ理由でできないが，確実にいえるのは，イスラム教徒

表1-6 連邦議会候補者の管区域・州別宗教分布

(単位：人)

	モン州	ネーピードー	マグウェー管区域	タニンダーイー管区域	マンダレー管区域	バゴー管区域	ヤカイン州	ザガイン管区域
仏教徒	141	33	180	89	173	218	144	185
キリスト教徒	0	0	1	1	1	7	4	11
イスラム教徒	0	0	0	0	1	0	1	0
不明	0	0	0	0	0	0	2	0
合　計	141	33	181	90	175	225	151	196
仏教徒率(％)	100.0	100.0	99.4	98.9	98.9	96.9	95.4	94.4
	ヤンゴン管区域	エーヤーワディー管区域	シャン州	カイン州	カヤー州	カチン州	チン州	全体
仏教徒	324	194	257	109	73	86	20	2,226
キリスト教徒	8	18	51	18	44	122	87	373
イスラム教徒	11	0	0	0	0	0	0	13
不明	1	1	1	0	2	1	0	8
合　計	344	213	309	127	119	209	107	2,620
仏教徒率(％)	94.2	91.1	83.2	85.8	61.3	41.1	18.7	85.0

(出所)　表1-2に同じ。

の候補者数はその人口を考えると，きわめて少ないということだろう。全体で13人，上院で1人（ヤンゴン管区域），下院で12人（うち，1人がマンダレー管区域，1人がヤカイン州，10人がヤンゴン管区域）しか，立候補者のなかにイスラム教徒はいない。人口の約1割程度はイスラム教徒がいるのではないかといわれることもあり，仮にこの推計が多すぎるとしても，全体の1％を下回ることは考えられない。それにもかかわらず，イスラム教徒が比較的多く居住しているヤカイン州で両院合わせて1人しか候補者になっていないことは，イスラム教徒がその代表を議会に送り出すどころか，その代表候補者すら送り出せていない現状を示しているだろう[9]。

2．NLDとUSDP

　NLDとUSDPの候補者にどういったちがいがあるのかを検討してみたい。まず，候補者選出のプロセスであるが，両党ともに必ずしもスムースに候補者の選出が進んだわけではなかった。結果，候補者選出過程で党内政治が活性化することになった。
　準備を比較的はやく進めたのは与党のUSDPだった。2015年7月には候補申請者の審査と選出を党首であるシュエマン氏（当時）が中心となった党内委員会が行った[10]。連邦議会選挙，地方議会選挙合わせて3000人を越える立候補申請者がいたといわれ，そこには国軍から159人の退役将校の立候補要請も含まれていたという。当然のことながら，USDPには現職の議員がおり，さらに政府に入った人々もいる。そうしたなかで立候補者を約1000人に絞り込むには指導部の強いリーダーシップと調整能力が必要になる。
　しかしながら，USDPはふたつの難点を抱えていた。まず，大統領のテインセイン氏が立候補する意思を示さなかったため，総選挙の準備とともに党内指導者の交代を進めなければならなかった。全般的なUSDPの不人気のなかで，テインセイン氏は改革を進めた大統領として国内でも人気が高かったため，続投を望む声も少なくなった。しかしながら，おそらく自身の健康を主たる理由として引退を決断したものと思われる。
　もうひとつの難点は，党内の実力者として知られていたアウンタウン氏の健康悪化と死去（2015年7月23日）であった。アウンタウン氏は元国軍の将校で，

軍内では高い地位にいたわけではないものの，軍事政権下で商業副大臣，工業大臣を務めてタンシュエ国家平和発展評議会（SPDC）議長の信頼が厚かったといわれる。民政移管後は下院議員となり，USDP内の実力者として，ときに対立したテインセイン大統領とシュエマン下院議長，そして両者を支持する議員や閣僚たちのあいだに入って調整役を務めたとされる。

ただでさえ党内をまとめる強い理念をもたず，統合力が弱いUSDPにとって，テインセイン大統領とアウンタウン氏の「不在」は痛手であった。そうしたなかで党首であるシュエマン氏が主導して候補の選出を進めた。投票日の約3カ月前の8月12日にUSDPの候補者リストが発表された。候補者リストにはテインセイン大統領の一部の側近が望んだ選挙区からの立候補を認められず，また，国軍からの159人の立候補要請のうちリストには59人の名前しかなかった[11]。これがシュエマン氏の意図によってなされたものかどうかはわからない。またその意図が政権与党内の対立に基づくものかどうかも不明である。というのも，159人という候補者の1割以上を退役将校にするというのは，2015年総選挙を戦う戦略としては客観的にいって合理的ではなく，だれが選出したとしても同じ結果になり得たからである。いずれにしても，この候補者選出過程が直接か間接のきっかけとなって，候補者発表の翌日，13日にシュエマン氏はUSDPの党首を解任される（ただし，党員，議員および下院議長の地位は維持）。シュエマン氏に近いとされた党幹部もその地位を追われることになった。代わって，テインセインに近いとされるテーウ副党首が共同党首（党首は政党登録上はテインセイン）に就任した。こうしてUSDPは候補者選出の過程でその党内の統合力の弱さを露呈させることになった。

他方，NLDについても，8月2日の候補者リスト発表は一部に論争を引き起こすものであった。最も論争になったのは，コーコージー氏のような88世代と呼ばれる，1988年の民主化運動で学生活動家として活躍した人々の立候補申請を受け入れなかったことである。88世代の活動家たちは，多くがいまや40代後半から50代であるが，国民の人気が今でも高い。ただし，彼らはこれまでNLDとは一定の距離をとりながら軍政批判を続けてきた。その88世代の元活動家約20人がNLDからの立候補をめざして党員となり，立候補の申請をしたのが2015年7月だった。しかし，彼らの名前は8月発表の候補者リストにはなかった。これが原因でNLD内の一部の支持者から批判の声が挙がった[12]。

第1章 政党と候補者

表1-7 NLDとUSDPの候補者の基本情報

	NLD		USDP	
	下院	上院	下院	上院
候補者数（人）	316	163	316	164
平均年齢（歳）	53.19	52.72	57.44	57.57
女性率（％）	14.6	14.7	6.0	6.7
ビルマ民族率（％）	68.0	57.1	70.3	57.3
仏教徒率（％）	88.3	85.3	92.7	86.0
大卒率（％）	80.7	79.1	80.7	84.1
閣僚・連邦議員数（人）	12	1	100	39
直近に退役した軍人数（人）	3	0	20	7

（出所）表1-2に同じ。

　選考は党執行委員会委員でNLD選挙対策委員会委員長を務めるウィンテイン氏が主導したとされる。その基準について彼は、「まず、能力がないといけない。能力が同じだったら、より若い人たちを優先するし、女性も優先するし、また少数民族も優先する。もうひとつ、能力に加えて考慮したのは、NLDにこれまでずっと貢献し、忠誠心があることだ」と語っている[13]。この基準に照らせば、最後の党への貢献と忠誠心という点で88世代が選ばれなかった、ということはできそうである。

　ただし、4000人を越える申請者から1132人の候補者を選び出す過程は、たとえそれがどれほど厳密な審査基準で選出したとしても論争を巻き起こすものであろう。問題はそうした論争が党内のリーダーシップを掘り崩したかどうかである。NLDの場合、USDPとちがって党の指導部は安定していた。筆者自身がウィンテインに行ったインタビューでも、「候補者を選んだときは批判もされたが、キャンペーンが始まったらみんな団結した」と語っている（2015年11月6日インタビュー）[14]。

　こうして選出された両党の候補者たちのうち、選挙管理委員会の審査を通過した者の基本情報を比較したのが表1-7である。ここで知りたいのは、ウィンテイン氏が語ったNLD候補の選出基準がUSDPと比較して本当に当てはまっているのかどうかである。順にみていくと、年齢については、NLD候補の平均年齢が上院で52.72歳、下院が53.19歳で4歳から5歳ほどUSDPより若い。女性

25

率については両党の差は歴然としており，NLD候補者の15％弱が女性であるのに対して，USDPについては6％台にとどまっている。上でみたように候補者全体の女性率が13％台だったので，これはNLDが多いというよりも，USDP候補者の女性の割合が極端に低いといった方が正確かもしれない。

　民族については，少数民族を優先するというほどNLDがUSDPより少数民族候補者が多いわけではない。上院候補者のビルマ民族率はほぼ同じ57.1％と57.3％で，下院についてはNLDの方が，ビルマ民族率がわずかに低いが，その差は2％ポイントもない。ほぼ同数だといってよい。学歴については，大卒率がNLDの上院で79.1％，USDPの上院で84.1％と，両者のあいだに5％ポイントの差があるものの，下院については80.7％と同率である。USDPがいわゆる体制エリートの集団であるのに対し，NLDが2012年までは多くのエリートにとって近寄りがたい組織だったことや，その熱心な活動家の多くがかつてその政治活動を理由に大学を退学処分になっていることを考慮すると，このNLD候補者の大卒率は高いという印象を与える[15]。したがって，USDPとの比較から考えるかぎり，女性優先とはいえそうで，くわえて学歴の高い立候補希望者を重視したことがうかがえる。

第3節　選挙戦略とキャンペーン

　本節では選挙をめぐる党内政治と選挙運動の具体的な状況を，とくにUSDPとNLDとを対比させながら説明したい。2015年総選挙の選挙運動は60日間という比較的長いキャンペーン期間が設けられた[16]。2015年9月7日から，投票日11月8日の2日前である11月6日までがその期間で，投票日前日の11月7日は冷却期間としてあらゆる選挙活動が禁止された。選挙資金は候補者1人当たり1000万チャット（約100万円）の制限があり，これは60日間のキャンペーンのための資金としては，ミャンマーの物価を考慮したとしても，かなり少ないといえる。選挙後に資金の用途を記録した帳簿の提出が義務づけられている。

　さて，第1節で議論したように，USDPとNLDは組織的な来歴も構造も対照的な政党である。USDPは実質的に軍事政権がつくった政党で，しかも2011年以来，与党として政権をつくり，議会で主導権を握ってきた。その資金力や人員

は，ほかの政党と比べものにならないほど大きい。改革を主導してきたテインセイン氏は立候補しなかったものの，選挙ポスターには彼の写真が使われ，これまでの改革をアピールしていた。他方，NLDは1988年の大規模な反政府民衆運動を背景にもち，長年の軍政による弾圧のために組織的，財政的には脆弱でありながら，スーチー氏のカリスマによって国民の人気に支えられながら党勢を拡大してきた政党である。

こうした両党のちがいは選挙運動に反映されていたように思われる。選挙区によって相当多様性があることは承知のうえで，あえて一般化すればそのちがいは以下のようにいえるだろう。USDPはその資金力と人的動員力を生かして，既存の有力者ネットワーク（公務員，村長，僧侶）を軸に物量重視の集票活動を展開した。たとえば，米や水といった生活必需品の無償提供や，ソーラーパネルのような耐久消費財の提供，または電気のない村や，未舗装の道路が多い地域での将来的なインフラ整備の約束，農民に対する低利の資金融資などといったものである。キャンペーン期間の半ば，戦況がUSDPにとって不利だという認識が党執行部に広がったのか，それまでは控えめであった，テインセイン大統領の選挙支援の様子を，国営メディアを通じて積極的に流すようになった。

他方，NLDはスーチー氏の人気とアウンサン将軍への尊敬の念を最大限に利用しながら，各地の候補者が自分で選挙資金を調達し，地元の支援者の支援を受けながら社会運動型のキャンペーンを展開した。党中央の選挙対策委員会は管区域の都市部でのNLD人気は確実なものとして，農村部や州でのキャンペーンを重視した。村の有力者は立場上，本心であってもなくてもUSDP支持の傾向があるため，村落でも草の根の支持者拡大を地道に進めているようにみえた。すでに記したように，「変化の時は来た」のキャッチフレーズで，スーチー氏への人気を梃子に候補者個人というよりも政党への支持を呼びかけた。

これら両党のキャンペーンの様子をより具体的にみるために，章末のコラムでは，筆者が行ったフィールドワークに基づいてUSDPとNLDの候補者のキャンペーンの詳細について検討した。関心のある読者は参照されたい。

おわりに

　本章では2015年総選挙での政党，候補者，選挙運動を，データや具体的な観察をとおして検討してきた。序章で記したように，ミャンマーが自由で公正な選挙を経験するのは1990年以来であり，軍事政権下でないなかでの自由で公正な選挙となれば，1960年から半世紀以上ぶりのことである。したがって，社会のほぼ全体が自由で公正な選挙をはじめて実施し，体験したようなものである。いったいどういった政党やどういった人たちが立候補し，どのような公約でどういった選挙キャンペーンをするのか，われわれは予想することも難しかった。本章でそれらの問いにある程度答えられたように思う。

　こうした選挙そのものに不慣れな社会であると同時に，軍事政権と軍事政権の後押しを受けた与党による統治から，民主化勢力への政権交代という劇的な変化の可能性があったため，選挙に伴う社会の不安定化や選挙での不正などが懸念された。しかしながら，投票日までの過程で大きな問題は生じなかった。世界でしばしば起きる選挙キャンペーンをきっかけにした暴力的な紛争も起きなかったし，キャンペーン中に政権による野党への露骨な妨害や不公正な制度変更等はなかった。

　選挙管理行政の面ではやや問題が生じた。たとえば，有権者名簿に多くの有権者の名前が欠損しているという事態が起き，結局，各地の投票所予定場所に有権者名簿が貼り出されて，有権者自身が自分の名前が名簿に含まれているのかどうか確認しなければならない事態に陥った。選挙管理に遅れが生じ，ついには連邦選挙管理委員会委員長から政党へ選挙日の延期が申し入れられるまでに至る（政党側が拒否した）。また，選挙キャンペーンの費用が適正に管理されていたのかどうかについて，とくに消費財で集票をはかったUSDPの活動に疑念がもたれていた。キャンペーン期間終盤にはテインセイン大統領がUSDPの選挙活動に参加している様子を国営紙が報道し，それにNLDが抗議するといったことも起きている。

　決してスムースに選挙当日を迎えたわけではないけれども，参加政党も有権者もある種の「行儀のよさ」があって，選挙の実施が危うくなるような事態にはならなかった。また，もしUSDPが勝利していたら選挙管理の問題が再燃し

ていたかもしれないが，結果的にNLDが勝利したために選挙管理上の問題点がうやむやになってしまった面があることも否定できない。そうしたなかでも，今回の選挙で得られた教訓が，選挙管理の点でも，参加政党の選挙戦略の点でも，2020年総選挙にいかに生かされるのかが注目される。冒頭に記したように，今回の総選挙は今後のミャンマーの選挙政治を考えるための起点になるだろう。

【注】
⑴　2010年総選挙に参加した政党37のうち，1990年総選挙から政党組織を維持して参加できたのはわずか4政党だけであった。そのうち，全国に候補者を立てることができたのは，かつての独裁政党・ビルマ社会主義計画党（BSPP）の後継政党である国民統一党（NUP）だけであった。1990年総選挙時に乱立した政党の多くが軍政時代に弱体化したことがわかる。その4政党を除いた33政党は2010年総選挙のために設立された政党である。また37政党のうち少数民族政党と呼べるものは23政党あった。
⑵　政党の活動は以前とは比べものにならないくらい活発になったことは確かだが，それを過大評価するべきでないだろう。全国に候補者を出せた政党がわずかふたつ，あるいはNUPを加えて3つというのはまだまだ少ないように思われる。
⑶　そのため，規模が大きい州ほど少数民族政党の候補者数が多くなる傾向がある。最も広大な面積（約15万平方キロメートル）を占めるシャン州には54のタウンシップがあり，必然的にシャンの少数民族政党の候補者数が多くなる。最も多い候補者を擁立しているのは，シャン民族民主党（SNDP）で，上院で19人，下院で59人である。それにシャン民族民主連盟（SNLD）が続く（上院22人，下院25人）。
⑷　2016年3月21日，カチン州地方議会議員へのインタビュー。
⑸　*Myanmar Times*, 25 August 2015.
⑹　NLDについては根本・田辺（2012）や伊野（2012）を参照されたい。
⑺　ただし，シュエマン共同議長が公約集を準備していたという報道もある（*Mizzima*, 9 October 2015, http://mizzima.com/news-election-2015-election-news/secret-usdp-document-predicts-potential-usdp-annihilation-elections）。これが事実だとしても，後述する8月の解任劇によって公表されることは結局なかっただろう。
⑻　2014年センサスについてはUNFPA Myanmarのウェブサイト（http://countryoffice.unfpa.org/myanmar/2014/01/21/8918/census_printed_materials/）を参照されたい。
⑼　ある管区域のNLDの地方幹部は，自身がイスラム教徒であることを理由に当選が難しいものと判断して立候補の申請を行わなかった（2015年9月15日，NLD地方幹部へのインタビュー）。
⑽　"Thura U Shwe Mann to lead the USDP's scrutinizing committees" *Mizzima*, 2015 June 4,（http://mizzima.com/election-2015-election-news/thura-u-shwe-mann-lead-usdp%E2%80%99s-scrutinizing-committees）. *Radio Free Asia*, 10 August 2015,（http://www.rfa.org

/english/news/myanmar/support-08102015151253.html）．
⑪　『朝日新聞』2015年8月13日付け．
⑫　Sithu Aung Myint "NLD and 88 Generation: It's time to unite" *Myanmar Times*, 19 August 2015，（http://www.mmtimes.com/index.php/opinion/16044-nld-and-88-generation-it-s-time-to-unite.html）．
⑬　*Democratic Voice of Burma*, 2 August 2015，（http://burmese.dvb.no/archives/105548）．
⑭　ウィンテインは2012年4月の補欠選挙で当選して下院議員となったが，その後体調を崩したため，議員としての活動を休み，党務に専念することになった．2015年総選挙にも立候補していない．むろん党内の重要な決定はスーチー氏によってなされるが，重要案件の決定までの調整はウィンテインが取り仕切ることになるものとみられる．
⑮　ちなみに国軍の将校出身者は士官学校を卒業しているため大卒扱いとなる．
⑯　当初，選挙管理委員会は2014年7月に30日間の選挙期間を設定したが，NLDと5つの少数民族政党がへき地でのキャンペーンには30日間は短い，という理由でより長いキャンペーン期間を求め，選挙管理委員会との交渉の結果，キャンペーン期間は60日間に延長された（*Myanmar Times*, 24 Oct 2014）．

〔参考文献〕

＜日本語文献＞
伊野憲治　2012．「軍政下の民主化運動と今後の展望」工藤年博編『ミャンマー政治の実像――軍政23年の功罪と新政権のゆくえ――』アジア経済研究所　101-138．
工藤年博　2012．「2010年ミャンマー総選挙結果を読む」工藤年博編『ミャンマー政治の実像――軍政23年の功罪と新政権のゆくえ――』アジア経済研究所　41-70．
中西嘉宏　2015．「民政移管後のミャンマーにおける新しい政治――大統領・議会・国軍――」工藤年博編『ポスト軍政のミャンマー――改革の実像――』アジア経済研究所　25-52．
根本敬・田辺寿夫　2012．『アウンサンスーチー　変化するビルマの現状と課題』角川書店．

＜英語文献＞
Australia National University, Myanmar Research Centre and University of Yangon, Department of International Relations. 2016. *The Meaning of Myanmar's 2015 Election: Summary Paper*.
Human Rights Watch. 2009. "Burma: Event of 2009."（https://www.hrw.org/world-report/2010/country-chapters/burma）．
Network for Democracy and Development. 2006. *The White Shirts: How the USDA will Become the New Face of Burma's Dictatorship*. Mae Sot: NDD Documentation and Research Department.
Stokke, Kristian, Khine Win, and Soe Myint Aung. 2015. "Political Parties and Popular

Representation in Myanmar's Democratisation Process." *Journal of Current Southeast Asian Affairs* 34(3) 3-35.

Transnational Institute. 2015. *Ethnic Politics and the 2015 Elections in Myanmar*. Myanmar Policy Briefing, Vol. 16.（https://www.tni.org/en/publication/ethnic-politics-and-the-2015-elections-in-myanmar）.

＜その他＞
Kyemon（ビルマ語国営紙）
Myanmar Times
Mizzima
連邦選挙管理委員会（Union Election Committee: UEC）ウェブサイト
　　（http://www.uecmyanmar.org/）

〔コラム〕
選挙運動についていく

　このコラムは，ともすれば制度と数字に終始しがちな選挙解説に，実際の選挙運動の描写を加えることで，より立体的に2015年総選挙を理解しようとするものである。このコラムが扱うのは，連邦団結発展党（Union Solidarity and Development Party: USDP）候補者ひとりの選挙運動と，国民民主連盟（National League for Democracy: NLD）候補者ひとりの選挙運動である。人数も，観察時間もかなり限定されており，これを2015年総選挙全体の傾向とみなすことはできないが，キャンペーンへの随行とは別に筆者が行った，約20の与野党候補者へのインタビューからは，以下で紹介される事例と似通ったキャンペーンの状況がさまざまな場所にあったことが確認されたため，ミャンマーの選挙運動を知るための参考にはなるだろう。

（1）バゴー管区域ピュー選挙区のUSDP候補者シュエマン氏の事例

　シュエマン氏は2000年代前半に国軍の要職である三軍統合参謀長に就任してから軍内の実力者となり，2004年に当時の首相であったキンニュン氏が失脚して以降は，次代の国軍最高司令官候補と目されていた。2011年の民政移管によって大統領就任も噂されたが，結果として軍政No.4だったテインセイン氏が大統領に就任して，シュエマン氏は総選挙当選後に下院議長となった。その後も，選挙直前の解任劇まで一貫して与党と議会で影響力をもった大物政治家である。選挙時点での年齢は68歳，民族はビルマ民族である。

　シュエマン氏のキャンペーンに同行したのは，投票日の1週間前のことである。シュエマン氏は下院議長の職にあるため，きわめて多忙で，選挙キャンペーンにとれる時間は必ずしも多くない。そのなかで議会が開催されない週の半ば3日間をキャンペーンにあてるということであった。

　当日の朝，市街からやや離れた場所（ヤンゴンから首都ネーピードーをつなぐ高速道路との合流点近く）にある政府事務所にスタッフたちは集合していた。下院議長が来るということもあり警察車両も到着していて，若干の緊張感がある。その場に集まっている選挙スタッフは総勢30人ほどで，中年男性が多い。シュエマン氏がネーピードーから到着したのが7時30分過ぎ。

　しばらく事務所内に滞在してキャンペーンに出発した。車列は報道陣や警察車両も含めて11台にも及んだ。筆者はそのうちセキュリティ担当者が乗る車両に同乗を許された。セキュリティ担当ということもあり，先頭から2台目で，その2

写真1-A　シュエマン氏を待つスタッフと車両

台後方に夫人を伴ったシュエマン氏の乗った車両があった。このキャンペーンにはピュー郡を含む選挙区で上院に立候補した候補者と、ピューから地方議会に立候補しているシュエマン氏の弟も参加していた。

　この日の予定は午前中に3つの村をまわり、午後に市街をまわるというものだった。11台の車列がひとつめの村に向かう。ピューは人口25万人のタウンシップである。幹線道路沿いの市街は舗装道路があるが、そこから村に向かうと、舗装されていないデコボコの道を行くことになる。途中、シュエマン氏の口添えで建設が決まった病院の建設現場をとおりすぎる。まだ基礎工事の段階である。こうしたインフラがヤンゴンのような大都市部から地方に波及するには民政移管から4年半という時間はやはり短すぎたようである。

　車列が出発して45分ほどで最初の村に到着した。先行の警察車両があって、集会のための準備が整っている。シュエマン氏がまず訪れたのが僧院である。僧院の僧正（サヤドー）に挨拶をする。僧正はにこやかにシュエマン氏を迎えていた。それほど人を集められず申し訳ないという旨の発言を僧正がしていた。関係者によると今回の訪問のタイミングについて連絡ミスがあったようで、多くの村人が集まらなかったという。この「連絡ミス」が事実なのか、それとも言い訳なのかは不明であるが、シュエマン氏は「問題ないです」と僧正に答えていた。

　一行は僧院を出て、僧院横の集会所（ダマーヨウン）に移動した。すでに村人が集められている。村長から呼びかけがあったそうである。僧院の入り口ではシュエマン氏の写真が乗ったジャーナル（議会の出来事を扱うもの）が配られている。聴衆の数はざっと100人ほど。目立つのは女性と子ども、そして年長の男性たちである。

写真1-B　村の僧正と話をするシュエマン氏

　聴衆の前に立ったシュエマン氏がマイクを使って演説を始める。穏やかな口調で村人に問いかける。この村には学校はどの段階まであるのか。すると、女性の村人が、中学校までです、と答える。つづいてシュエマン氏は、学校の生徒は何人くらいいるのか、クリニックはいくつあるのか、ピューの町に行くには費用がいくらかかるのか、ピューに出て高校に通うとするといくらかかるのか、と矢継ぎ早に質問をする。質問が具体的なので答えやすいのだろう。村人が即答していく。シュエマン氏は、ピューに出るとお金がかかるからもっと村に近い場所に高校をつくり、病院をつくらないといけない、と続け、さらに、それは政府の予算を通じてやることである、ただ政府のお金は人民のお金であるから、人民のために使われるべきだ、と話した。

　そのあと、自分がピュー出身で故郷に愛情（メッター）があり、愛情があれば故郷のために仕事をしたいものである、発展を約束する、私を信じてもらえるか、と村人に問いかける。村人は、信じる、と答える。演説の最後には仏教の説法に近い要領で、短い問いとそれに対する短い返答を繰り返して（「故郷への愛情はあるものか」→「ある」→「愛情があれば故郷には同情するものか」→「する」→「同情があれば故郷のために仕事をしたいものか」→「したい」→「自分を信じてくれるか」→「信じる」といったかたち）、演説を盛り上げていった。

　与党の元党首だけあって、演説には慣れている様子であった。自身が元将軍で今も高い地位にあるために人々から怖れられていることを自覚しているのだろうか、具体的で身近な質問から村人とコミュニケーションをとり始める姿は印象的だった。そのなかで違和感を覚えた点を挙げるとするなら、聴衆からの質問をまったく受けなかったということである。演説を終えると振る舞われたお菓子を付き

添いに渡してシュエマン氏は集会場を離れた。もうひとつ違和感を覚えたのは，同行している上院候補と地方議会候補についてである。シュエマン氏は彼らの名前を紹介したものの，彼らには発言の機会を与えなかった。上院候補は現職の下院議員でもあるが，ノートを抱えてシュエマン氏の脇に立ち，ときどき村人のシュエマン氏への返答をメモしている。紹介がないと秘書と見間違えるほどである。地方議会に立候補しているシュエマン氏の弟は体が大きく，ずっとシュエマン氏の脇にいるのでボディガードにみえた。

ひとつめの村での滞在時間は30分ほどで，次の村へと移る。この村は以前のキャンペーン時に村人から，うちにも来て欲しい，と頼まれた村だということである。シュエマン氏が着いた時には，USDP支持者であろう村の有力者の家の庭に人々が集まっていた。聴衆は女性と年長男性中心である。庭の広さの問題もあってか人の数は80人ほどであった。演説の内容はひとつめの村とほぼ同じである。まず，学校について，続けて病院，町への道のりと町にでるための支出額についてシュエマン氏が質問して，村人が答える。病院はあるが医療機器が足りない，と村人が訴えると，それをメモするようにシュエマン氏が上院候補に指示をする。政府のお金は人民のお金であり，それらを道路，保健，教育に使用することが大事だという主張である。

この日まわった最後の村になる3つめの村も有力者の家の庭先で集会が行われた。先行したスタッフがすでに庭先に日除けをつくって準備をしてある。敷地も広いため，集まった村人は200人ほど（構成は女性と年長男性中心）と多かった。また，海外メディアが3社ほど入っており，この村での演説は以前から予告されていたようである。演説の内容は前ふたつとほぼ同じだったが，異なったのは，

写真1-C　村人に演説をするシュエマン氏

写真1-D　シュエマン氏を歓迎する村人①

シュエマン氏が初めて自分の身の上話をしたことである。自分は小学生のときに父親を亡くしたが，そのあと貧しいにもかかわらず母親が自分を学校に通わせてくれたから，高校卒業後に士官学校に行って将軍にまでなれた，教育が本当に重要である，と簡潔に話した。もっと丁寧に話せば聴衆をひきつける感動的な話になりそうだが，そこは意識しないのか，あっさりと次のより一般的な話（教育，保健，道路，電気といった基礎的なものが重要である云々）へと移行していった。最後に，上院候補と自分の弟を紹介したが，彼らはやはりひと言もしゃべらない。夫人も後方に控えており，演説のなかで言及されることもあったが，聴衆の前で話すことはなかった。

　このあと13時半にピューの町に戻り，シュエマン氏は私邸に入った。スタッフたちも食事をとり休憩する。結局この休憩は16時まで続いた。ゆったりと昼休みをとることはミャンマーでは珍しくないとはいえ，これは長すぎる。長い休憩の理由は，この日の正午前にシュエマン氏がUSDPから除名されたという情報がフェイスブック上で流れたためである。その情報を英国BBCの記者が確実な情報とツイッターでツイートしたために一気にスキャンダルとなった。シュエマン氏の私邸には多くのメディア関係者が押しかけ，キャンペーンどころではなくなったのである。結局，USDPの党本部からそうした事実はないという発表がなされて，事態は終息した。この騒動によって，筆者が昼食時にできるかもしれないといわれていたシュエマン氏への直接のインタビューは実現しなかった。

　16時，予定より遅れてキャンペーンが再開された。シュエマン氏宅から車列が出発した。演説の予定はなく，町の住宅地を大音量の音楽をかけて車列がゆっくりと進む。場所によっては，USDPのTシャツを来て楽器の演奏や花束を抱えた

写真1-E　シュエマン氏を歓迎する村人②

子どもたちがキャンペーンの車列を迎える。シュエマン氏やほかの候補者たちは窓から顔を出して声援に応え，たまに車外に出て直接村人に話しかけるなどしていた。ただ，村人にまぎれて新聞記者が先ほどのUSDP除名情報について質問をするなどしたためか，あるいは疲れからか，途中からは車から出ることはなく，ゆっくり動く車上から住民に手を振り続けていた。選挙キャンペーンというよりも住民が地位の高い要人を迎えるというような印象で，自発的というよりも動員された人々も少なくないようにみえた。ただ，住民たちが強制的にやらされているのかというとそういうわけでもなさそうで，シュエマン氏自身が著名な人物だからかもしれないが，住民はそれなりにうれしそうに手を振るなどして応答している。こうして2時間ほど住宅街をまわり，この日のキャンペーンは終了した。

ちなみに選挙結果は，下記の表1-Aのとおりである。シュエマン氏の高校の同級生で，ピューのNLD党支部で長年活動をしてきたタンニュン氏に約1万票及ばず，シュエマン氏は敗れている。

表1-A　下院・ピュー選挙区投票結果

候補者名	政党名	票数
タンニュン	NLD	54,770
シュエマン	USDP	44,173
ココチョー	無所属	10,081
ナンキンウ	NUP	2,718

（出所）　連邦選挙管理委員会ウェブサイトより。

(2) マンダレー管区域ナットージー選挙区の NLD 候補者ナイントゥーアウン氏の事例

　ナイントゥーアウン氏（以下，ナイン氏）は1985年にナットージー郡の町で生まれた。ビルマ民族の男性である。母方の親族が金を売る店を経営しており，比較的裕福な家庭に育った。ナットージーはミャンマー第2の都市マンダレーからネーピードーに向かうハイウェイを1時間ほど南に行き，そこから西にまた1時間から1時間半ほどエーヤーワディー川方向に入ったところにある。乾燥地帯ということもあって決して豊かな場所ではないが，幹線道路やエーヤーワディー川からそれほど遠くないので，へき地ではない。
　ナイン氏はマンダレーにあるヤダナーポウン大学を出たあと，2012年から NLD の党員として政党活動を始めた。ただ，党支部での活動よりも，仲間たちと勉強会を開いたり，ヤンゴンから講師を呼んで講演会を開催したり，寄付で本を集めて小さな図書館をつくったりと，政治にかかわる啓蒙活動に熱心だった。そして，もともと関心のあった2015年総選挙への立候補を決意し，党への申請を決意する。そして，地元の郡での下院候補としての立候補が認められた。
　ナットージー郡の選挙区には興味深い点がふたつあった。ひとつに USDP の対立候補が現職大臣であることである。しかも，公共事業案件を多く扱う連邦政府運輸大臣だった。事実，ハイウェイからナットージーへ向かう道路沿いでは多くの灌漑用水路の工事が行われていた。これが大臣による利益誘導であるかどうかはもちろんわからないが，可能性は十分にある。当該大臣の前職は空軍の将軍で，ナットージー郡内の村落出身である。USDP の議員の多くが当選後に自身の選挙区に関心をもたないのに対して，この候補者はときに村に戻って住民と対話をしていたという。相当有力な候補だといってよいだろう。ふたつめに興味深いのは，この選挙区では2012年に補欠選挙が実施されており，NLD の議員が勝利していた。したがって，NLD の潜在的支持者が多い地域ではある。
　さて，筆者がキャンペーンに同行したのはキャンペーンが解禁になってから10日ほどたった頃である。まだキャンペーン期間が50日ほど残っていた。選挙資金は1000万チャット（日本円の当時のレートで約90万円）が上限で，この額は決して多くないため，多くの候補者はこの時点ではまだ活発な選挙活動は行っていなかった。実際，ナットージー郡に行く前に，マンダレーの市内から立候補する NLD の候補者にインタビューしたが，彼はまだキャンペーンのためのビラを印刷しているところで実際の運動はまだ始めていなかった。ところが，ナットージー郡に行くと状況はずいぶんとちがった。ナイン氏は60日のキャンペーン期間がはじまった直後から村落でのキャンペーンを始めており，10日経った時点ですでに郡内にある約180の村落のうち，50から60の村は訪れたという。これは都市部での NLD 人気を背景にした候補者の余裕と，村落部でかつ対立候補が現職大臣という候補

者との戦略のちがいでもあるのだろう。

　この日も早朝から夜にかけて6カ村をまわることになっていた。村の選択は地理的な条件等で決まる面もあるが，2012年の補欠選挙と1990年の総選挙のデータを使って，そのときにNLDの得票率が低い村に数多く訪問できるように組まれているという。筆者が村に着いたのが午前7時で，候補は自宅で朝食をとっていた。これまでのキャンペーンや状況について話をしながら筆者も朝食を食べ，そのあとNLDの事務所近くにある喫茶店に向かう。そこには地元のボランティアが集まり，村へ出かける準備をしていた。いっしょに村をまわる地方議会のNLD候補の女性も合流する。運動員は友人や親戚，NLDの支援者からなる総勢50人ほどで，これは通常のサイズだという。多い時には100人になることもあるとのことだった。顔ぶれとしては男女がほぼ半数ずつで年齢は20代前半が多い。村での運動ではこれに各村の支持者が加わる。

　車は3台（うち，スピーカーのついた幌つきの軽トラックが2台），バイクは8台（それぞれにNLDの小旗がつけられている）で移動する。1時間ほど車に乗り，最初の村に到着する。この村にはNLD支援者が最近建てた事務所があり，その事務所の庭に急造の集会場が出来上がっていた。集会場に集まっていた村人は70人ほどで，ふたりの候補者はその集会所の御座に座り，村民と車座になってお茶を飲みながらまず日常会話をする。

　その後，ナイン氏が立ち上がって演説を行った。大きな通る声で，自身の生い立ちと地元とのつながり（自身の母親と母方の祖父が貴金属店を経営していることなど）からはじまり，アウンサン将軍，アウンサンスーチー氏のすばらしさ，NLDこそが真の変化をもたらすものであると，熱弁をふるった。演説のなかでは「人は大事ではなく，党が重要だ」と明言していた。当初70人くらいだった村人も次第に増えて，演説の中盤では100人を越えるほどになった。続けて地方議会候補の女性が短く自己紹介に近い演説を行い，その後に村人からの質問が求められる。ひとりの中年男性の村人が「NLDが勝てば平和は訪れるのか」と質問をし，

写真1-F　キャンペーンに移動する車列　　　写真1-G　車座で村人と話すナイン氏

写真1-H　村人に投票方法を教える
　　　　　ナイン氏

写真1-I　チラシを配るNLDのキャンペーンスタッフ

ナイン氏はNLDが勝てば必ず全土で和平が成立すると答えていた。

　30分ほどの集会を終えて，続けて候補者自身とキャンペーン要員が手分けして戸別訪問を行う。この村は2012年の補欠選挙ではNLDが最多得票を得られなかったということで，一軒ずつ家のなかにいる人や軒先で仕事をする人たちに投票を訴えていく。スーチー氏のチラシをみせながら，村人が彼女を知らないケースも想定して「アウンサン将軍の娘です，投票して下さい」と声をかけていた。戸別訪問を約1時間手分けして行い，次の村に移動する。ふたつめ以降の村には党の事務所はないため，支持者の自宅にいったん集まり，そこから人手を分けて戸別訪問で支持を訴えるというパターンが繰り返された。

　今回随行したどの村でもそうだったが，すでにUSDPの看板やポスターが貼られており，この地域でのキャンペーンはUSDPが先行しているようであった。村人によると，USDPの運動員が来た際に，USDPに投票すれば，30万チャットで電気を引くことができるというのが誘い文句だったという。それを聞いたNLDの運動員は，村の電化はUSDPでなく政府の仕事なのでNLDが政権をとっても同じであること，また，米や水や自動車用バッテリー（電気の来ていない村でよく使用される）といった生活物資の提供がUSDPからあれば受け取ればよい，そのうえでNLDに投票するように訴えかけていた。

　3つめの村に着いた時，正午を越えていたため，支持者宅の脇にある50人は入れそうな大きめの小屋で，支持者が準備してくれた昼食をとる。昼食後，その小屋に村人の一部を集めて投票方法の解説があった。NLDの選挙運動で印象的だったのはこの作業で，彼らが「ボーターエデュケーション」（Voter Education）と呼ぶ，人々への投票方法の実演指導である。この指導の背景には，NLDの選挙関係者にある程度共通した村落部の有権者像があるように思われる。それは簡単にい

うと，こういうことである。投票者はマニフェストに目をとおしたり，民主主義や人権に深い関心をもったりするような人たちではなく，選挙とは何か，投票はどうすればよいのかも知らない人たちである。したがって，投票の呼びかけは，投票方法の説明を伴わなければならず，模擬投票用紙を用意し，そこに書かれた候補者の名前と党のマークを確認して本番さながら選挙管理委員会のUECがついた投票スタンプを押してみせる。ときには村民自身に押してみるようにうながす。NLDの選挙キャンペーンCDではアウンサンスーチー自身が投票を実演していた。

筆者が帯同したキャンペーンの場合，この役割を果たしていたのは，候補者の地元ボランティアではなく，マンダレーで知り合ったナイン氏の友人たちであった。彼らはこの選挙区だけでなく，全国各地で「ボーターエデュケーション」を実施していた。こうした動きは，村落部の有権者が選挙に関する知識は乏しい，というNLDの現状認識があるが，もうひとつに，多くの有権者の「無知」につけ込んだ政府による不正の可能性への警戒の現れでもあった。

この有権者教育をひととおり終えると，候補者と運動員たちは再び大量のビラを手にして戸別訪問を始める。候補者自身の個別訪問では積極的に村の人と会話をするが，運動員の戸別訪問についてはその方法は千差万別である。まず，敷地に入って家屋のなかや庭で仕事をしている人に話しかける。NLDに票を入れて下さい，とストレートに表現することが多かった。そこで反応がよいと道路に面した生け垣や門柱にチラシを貼ってよいか尋ね，許可が出たら，ホッチキスで紙のチラシを直接貼り付ける。これが最も多くみかけた戸別訪問の仕方だった。

1時間ほど手分けして個別訪問を行ったあと，4つめの村へ移動する。移動の車中，4つめの村は2012年の補欠選挙で90％以上の票がNLDに投じられた村だと

写真1-J　村で戸別訪問のために散らばるナイン氏とスタッフたち

写真1-K　村人と話すナイン氏

聞いていた。たしかに，キャンペーンの車列とバイクが村の中心に近づくと，多くの支持者が道の両脇で車列を迎え入れた。さらに，村のなかにある広場まで行くと200人以上の村民が集まっている。なかにはNLDのTシャツを着たり，シールを頬につけたりしている人たちもいた。候補者は演説をしたそうだったが，公共の場での演説には事前の許可が必要だったため，集まった村人一人ひとりと会話をし，写真を撮っていた。

　この時に初めて気づいたのだが，ひとりの運動員が肩にぶらさげたバッグからVCDを配っている。聞くと，NLDのキャンペーンソングをプロの歌手たちが歌っている動画が入っているという。VCD観賞はミャンマーの村で大変一般的な娯楽であるため（電気はなくても小型バッテリーで観賞する），たいそう人気で多くの村人たちが求めていた。ちなみに，こういう村をNLDが勝つ可能性が高いという意味で「セイ・チャーデ・ユワー」（安心な村）と運動員たちは呼んでいた。

　このNLD人気が高い4つめの村から移動した先は2012年補欠選挙でUSDPの得票がNLDの得票を上回った村である。確かに，この村ではまず車を止めるために庭先を提供するNLD支持者の家がない。支持者はいるそうだが，車3，4台を駐車するのに十分なスペースの土地をもっている支持者がいないとのことである。そのため，村の道路脇の空き地に駐車し，そこから，キャンペーンソングを流す軽トラックと候補者，運動員たちが村に入っていき，個別訪問を始める。

　村人の対応がとくに冷ややかということはないが，この村ではNLDの運動員の到着に合わせるかのように，USDPの事務所脇の電柱高くに据えつけられたスピーカーから大音量でUSDPの応援ソングが流れ始めた。ほかの村にもUSDPの事務所はあったが，こういった対抗手段が講じられたのはこの村だけであった。全国

でしのぎを削るふたつの政党を応援する音楽が大音量で村に響き渡っていた。大音量でテンポも音調もちがう曲が同時に流れると，当然聴くものを不快にさせるが，少なくとも筆者が観察したかぎりでは村人は気にする様子もなく，無関心にすらみえるほどであった。

最後の村に着く頃には昼の猛烈な日差しもやわらいでいたが，早朝からほとんど休みなく，移動と個別訪問を行っているために，さすがに運動員たちにも疲れの色がみえた。この村もNLDへの支持はそう固くないとみえて，終始，戸別訪問を繰り返す。今回まわった6カ村はすべて人口が1500人ほどの規模で，1時間から2時間かけて可能なかぎり多くの世帯を訪問していた。最後の村を出たのは夕方の18時過ぎであった。そこから1時間ほどかけて町に戻る。すべての行程で12時間ほどの活動である。候補者はこれを選挙キャンペーン解禁日からずっと続けており，180ある村を最低2回はまわりたいということであった。

シュエマン氏のキャンペーンが組織だっており，資金力の強さがあったのに比べると，ナイン氏のキャンペーンはそこまで統率されていない。ただ，キャンペーンを担う人たちの年齢層が若く，勢いが感じられた。シュエマン氏の場合は良くも悪くも落ち着きがあったが，形式化された運動をみているようであった。最後に下院ナットージー選挙区の選挙結果は表1-Bのとおりである。約1万5000票の差をつけてナイン氏が現役大臣のUSDP候補者をやぶった。

表1-B　下院・ナットージー選挙区投票結果

候補者名	政党名	票数
ナイントゥーアウン	NLD	58,319
ニャントゥンアウン	USDP	43,153
キンソートゥェ	NDP	1,738
トゥンサン	無所属	877

（出所）　連邦選挙管理委員会ウェブサイトより。

（中西嘉宏）

※本コラム掲載の写真はすべて筆者撮影（1-A～K：2015年11月撮影，1-F～K：2015年9月撮影）

第 2 章

2015年ミャンマー総選挙結果を読む

工藤　年博

はじめに

2015年11月8日に行われたミャンマー総選挙は，民主化運動の指導者アウンサンスーチー議長（以下，スーチー氏）が率いる野党・国民民主連盟（National League for Democracy: NLD）が，連邦議会の民選議席の8割を獲得する大勝利を収めた。これに対して，テインセイン大統領が率いる与党・連邦団結発展党（Union Solidarity and Development Party: USDP）は，獲得議席が1割にも満たない敗北となった。

この選挙結果に基づきミャンマー連邦議会はNLDから推薦されたティンチョー氏を次期大統領に選出し，彼は2016年3月30日に正式に大統領に就任した。ティンチョー氏自身は，外国籍の家族をもつため現行憲法の規定により大統領資格をもたないスーチー氏の「代理」ではある。しかし，1962年の軍事クーデター以来54年ぶりに，総選挙で国民の支持を得た政党から大統領が選ばれた事実は重い。新大統領の就任はミャンマーに真の「ポスト軍政」の時代を拓いた。

新たな時代は2015年総選挙における，国民の選択によって始まった。本章ではこの2015年総選挙を読み解くことで，総選挙で国民がなにを選択したのかを明らかにし，そのうえでポスト軍政の政治を展望したい。本章の構成は以下のとおりである。第1節では総選挙の概要を解説する。第2節では総選挙の結果を政党別の獲得議席数に基づき検討する。第3節では国民の投票行動を政党別の得票率に基づいて観察する。第4節では2015年総選挙の意義を総括し，ポスト軍政の政治への含意を引き出す。

第1節　総選挙の概要

　ミャンマーで2015年11月8日に実施された総選挙は，2008年憲法に基づくものとしては2010年11月7日に次ぎ2回目の，2011年3月30日の民政移管後では初めてのものであった。今回の総選挙では，下院（人民代表院）と上院（民族代表院）の2院からなる連邦議会の民選491議席と，7つの管区域および7つの州地方議会の民選659議席の3つの議会（院）の議席が競われた。連邦議会の両院および14の地方議会それぞれの全議席の4分の1に相当する議席は，選挙を経ずに国軍最高司令官により直接任命される軍人議席となっている。したがって，今回総選挙で争われたのは連邦議会・地方議会それぞれの4分の3の議席ということになる。本書ではこの議席のことを民選議席と呼ぶ。なお，本章では国政レベルの下院と上院に焦点を当てる。管区域・州議会の選挙概要と結果については，本書第3章を参照されたい。

1．下院選挙と上院選挙

　表2-1は2010年と2015年の総選挙の概要を示したものである。先に述べたとおり，両方とも2008年憲法に基づいて実施されており，下院，上院，管区域・州議会の議席定数に変わりはない。
　下院は郡（township）あるいは人口に基づき選出される330議席と，国軍最高司令官に任命される110の軍人議席の合計440議席で構成される（2008年憲法第109条）。実際には，2010年および2015年総選挙においては各郡が選挙区を構成し，330の郡からひとりずつ当選者が選ばれた。下院の選挙制度は，本来人口に比例した議席数を想定しているものと考えられる。しかし，実際にはミャンマーでは郡ごとに大きな人口のちがいがあるため，相当大きな一票の価値の格差が生じた。2015年総選挙では，有権者数が最大のヤンゴン管区域フラインターヤー選挙区（郡）の45万4307人と，最小のカチン州インジャニャン選挙区（郡）の1408人とのあいだに323倍の格差があった。また，2010年総選挙においては5つの郡で，2015年総選挙においては7つの郡で治安上の理由から投票が実施されなかった。そのため，実施選挙区の数は2010年が325区，2015年が323区となっている。

第 2 章　2015年ミャンマー総選挙結果を読む

表2-1　2015年と2010年の総選挙の概要

		2015年	2010年
予定選挙区（議席）	下院	330	330
	上院	168	168
実施選挙区（議席）	下院	323	325
	上院	168	168
有権者数（人）	下院	34,295,334	29,021,608
	上院	34,295,334	29,021,608
投票者数（人）	下院	23,911,784	22,421,123
	上院	23,946,709	22,283,465
投票率（％）	下院	69.72	77.26
	上院	69.82	76.78
有効投票数（票）	下院	22,416,310	20,865,161
	上院	22,714,637	20,851,078
有効投票率（％）	下院	93.75	93.06
	上院	94.85	93.57
参加政党数（党）＊		91	37
立候補者数（人）	下院	1,734	989
	上院	886	479
平均競争率（倍）	下院	5.37	3.04
	上院	5.27	2.85

（出所）　選挙管理委員会，伊野（2016；1992），工藤（2012），中西・長田（2016）など。
（注）　＊地方議会選挙のみに参加した政党を含む。

　上院は14の管区域・州からそれぞれ12人ずつ選出される168議席と[1]，国軍最高司令官に任命される56の軍人議席の合計224議席で構成される（2008年憲法第141条）。実際には，2010年および2015年総選挙においては14の管区域・州がそれぞれ12の選挙区に区割りされ，各選挙区からひとりずつ当選者が選ばれた。上院の選挙制度は，一般に少数民族が多く居住し人口が少ない「州」と，一般に多数民族であるビルマ民族が多く居住し人口が多い「管区域」とに，同数の議席を割り当てることにより，少数民族の代表性を高める効果があると考えられている。本院の名前に冠されている「民族」（ビルマ語でアミョーダー）は多数派のビルマ民族を含むものではあるが，少数民族を代表するという意味合いが強い。
　ちなみに2015年総選挙における，7管区域の有権者数の全国有権者数に占める比率は75.6％，7州のそれは24.4％であった[2]。上院の議席は7管区域，7州

に84議席ずつ与えられるので，7州の平均の1票の価値が7管区域のそれと比べて重くなる。実際，上院選挙における7州の平均の1票の価値は，7管区域の1票のそれに比べて3.7倍の重みをもった[3]。

このように上院においては，一般に州の選挙区が管区域の選挙区よりも1票の価値が高くなるように制度設計されている。しかし，現実にはこの制度設計の目的が実現しない場合もあった。たとえば，7州のなかでも有権者数の多いシャン州では全国平均よりも1票の価値が軽く，7管区域のなかでも有権者数の少ないタニンダーイー管区域ではそれは重かった。また，上院において1票の価値の格差が最も大きかったのは，シャン州第1選挙区（有権者数68万431人）とカヤー州第9選挙区（有権者数3116人）との218倍の格差で，これは州間に発生したものであった。以上，2015年総選挙においては，下院でも上院でも意図された選挙制度の効果がつねに実現したわけではなかった。

さて，ミャンマー立法府では下院と上院は同じ権限をもっている。法案審議はそれぞれの院で別々に行われるが，両院で法案に対する採決の結果が異なった場合は下院と上院の両院で構成される連邦議会に付議される（2008年憲法第95条）。また，大統領の選出や連邦予算の審議などは，連邦議会のみが行うことができる。連邦議会は下院440議席と上院224議席の合計664議席で構成される。そのうち民選議席が498，軍人議席が166である。今回の総選挙の焦点は，大統領を選出する連邦議会の過半数——すなわち664議席の半数の332に1を足した333議席——を，NLDが民選議席498（実際には491議席）[4]のなかから獲得することができるか否かであった。

2．有権者数，投票率，政党・立候補者数

ミャンマーでは18歳以上の人が選挙権を有する[5]。2015年総選挙の有権者数は連邦議会[6]で約3430万人であった。これは2010年総選挙時と比べて約530万人の増加である。ちなみに，2014年4月に31年ぶりに実施された人口センサスによればミャンマーの18歳以上の人口は約3310万人と，2015年総選挙の有権者総数を下回っている。同国に相当数いるといわれる仏教僧侶やその他宗教の関係者は選挙権をもたないため，2014年から2015年への人口増加等を考慮に入れても有権者数はかなり大きい。有権者のダブル・カウントなどの間違いもあり得るが，

2015年総選挙においては網羅的な有権者リストが作成されたものと考えられる[7]。

　2015年総選挙の投票率は下院が69.7％，上院が69.8％で，2010年総選挙の投票率から約7ポイント低下した。自発的な棄権もあったと思われるが，より大きな問題は有権者数の増加にもかかわらず，実際には投票できない人が発生したことである。とくにヤンゴンなどの都市部に居住する地方出身者は住民票を現住所に移していないことが多く，投票するためには地元に帰る必要があった。農村部から近郊の街に出稼ぎに来ている場合も同様で，出身の村まで戻らなければ投票できなかった。しかし，とくに農村部では交通事情が悪く簡単には村に戻れない人も多かった。政府は投票日前後を休みにするように実業界に依頼し有権者の便宜を図ったが，それでも投票率は低下してしまった[8]。なお，2015年総選挙の有効投票率は94％程度で，2010総選挙とほぼ同水準であった。

　総選挙への参加政党は2010年の37政党から，2015年には91政党に大幅に増加した。これはテインセイン政権下で政治的自由化が進んだことを背景とするとともに，ミャンマー社会の多元性・多様性をも反映しているものと考えられる。とくに少数民族政党は自らのアイデンティティを示すために，総選挙への参加が試みられた。立候補者数も大幅に増加し，連邦議会の平均競争率は2010年総選挙の3.0倍から2015年総選挙では5.3倍へと上昇した。

　ミャンマー政府は2010年総選挙の際には外国からの選挙監視団を受け入れなかったが，2015年総選挙ではこれを受け入れた。ミャンマーの選挙管理委員会は，不備がみつかった有権者リストを何度かつくり直すなど作業上の不手際はあった。しかし，総選挙自体を当時の政権与党USDPに有利に操作しようとする意図はなかったといってよいだろう。国際社会からも2015年総選挙はおおむね自由・公正に行われたと評価されている[9]。

第2節　総選挙の結果

1．政党別獲得議席数

　表2-2は2015年総選挙における政党別の獲得議席数を示したものである。国政レベルではNLDの圧勝であった[10]。NLDは総選挙で競われた連邦議会の491議

表2-2 2015年総選挙の政党別獲得議席数

政党名	下院 議席数	下院 割合(%)	上院 議席数	上院 割合(%)	連邦議会 議席数	連邦議会 割合(%)
国民民主連盟（NLD）	255	78.9	135	80.4	390	79.4
連邦団結発展党（USDP）	30	9.3	11	6.5	41	8.4
ヤカイン民族党（ANP）	12	3.7	10	6.0	22	4.5
シャン民族民主連盟（SNLD）	12	3.7	3	1.8	15	3.1
タアン（パラウン）民族党	3	0.9	2	1.2	5	1.0
パオ民族機構	3	0.9	1	0.6	4	0.8
ゾミ民主連盟	2	0.6	2	1.2	4	0.8
リス民族発展党	2	0.6	0	0.0	2	0.4
カチン州民主党	1	0.3	0	0.0	1	0.2
ワ民主党	1	0.3	0	0.0	1	0.2
モン民族党	0	0.0	1	0.6	1	0.2
コーカン民主統一党	1	0.3	0	0.0	1	0.2
国民統一党	0	0.0	1	0.6	1	0.2
無所属	1	0.3	2	1.2	3	0.6
合計	323	100.0	168	100.0	491	100.0

(出所) 選挙管理委員会，伊野（2016；1992），工藤（2012），中西・長田（2016）など。

席のうち390議席（民選議席の79.4％）を獲得した。これと対照的に，総選挙時点で与党であったUSDPは41議席（民選議席の8.4％）を得るにとどまった。USDPは2010年総選挙で連邦議会において388議席（当時の民選議席の78.7％）を獲得していたので，2015年総選挙ではちょうどUSDPとNLDが入れ替わったような結果となった。

　NLDの勝因はなんであろうか。NLDはこの総選挙を，1988年結党以来の民主化運動の集大成として戦った。NLDは1990年総選挙で勝利したにもかかわらず，軍政に政権移譲を拒まれ，その後激しい弾圧を受けてきた。NLDの選挙スローガン「変化の時は来た」は，1988年以来の民主化運動を結実する時がついにやってきたという意味であった。一方，USDPはテインセイン政権下での改革の実績を強調した。「改革を始めたのはわれわれである」，「経済成長をもたらしたのは自分たちだ」と。しかし，国民はNLDがアジェンダ設定した変化，すなわち「真の民主化」の実現を支持した。国民はUSDPを軍政の延長線上にある国軍

の政党とみなし，直近4年半の実績ではなく，過去半世紀の歴史を重視したのである。このように，2015年総選挙における国民の選択は明確であった。

NLD, USDPに次ぎ第3党となったのは連邦議会で22議席（民選議席の4.5%）を獲得したヤカイン民族党（Arakan National Party: ANP）で，第4政党となったのは連邦議会で15議席（民選議席の3.1%）を得たシャン民族民主連盟（Shan Nationalities League for Democracy: SNLD）であった。いずれも少数民族政党である。この4党以下の順位で連邦議会に議席を得た9政党のうち，8政党までが政党名になんらかの少数民族名を冠した少数民族政党であった。

他方，2010年総選挙で17議席（当時の民選議席の3.4%）を獲得し，USDPに次いで第2党となった国民統一党（National Unity Party: NUP）[11]は今回1議席を確保したのみであった。2010年総選挙で民主化勢力の一角を担った国民民主勢力（National Democratic Force: NDF）も，2015年総選挙では1議席も獲得できなかった。NDFは当時選挙ボイコットを決めたNLDから分かれて結成され，2010年総選挙に参加した政党である。当時は選挙準備が不足していたにもかかわらず，12議席（当時の民選議席の2.4%）を獲得し第5政党となっていた。国政からNUPとNDFがほぼ姿を消したことで，全国政党としてはNLDとUSDPの2政党のみが残ることとなった。

また，今回下院で88人，上院で31人の候補者を立てた新興政党のミャンマー農民発展党（Myanmar Farmers Development Party: MFDP）や，下院で133人，上院で61人の候補者を立てたネーズィンラッ氏（テインセイン大統領の元政治アドバイザー）によって設立された国民発展党（National Development Party: NDP）も議席を獲得することができなかった。あとで述べるように，ミャンマーにおける小選挙区・単純多数制の現行選挙制度が変わらなければ，少数民族政党以外で第三極は現れづらい状況にある。

また，下院と上院のあいだで，政党別獲得議席数のパターンに大きなちがいはなかった。これは上院においてもNLDが，少数民族政党を抑えて議席を獲得したためである。

2．主要政党の地域別獲得議席数

表2-3は連邦議会（下院＋上院）における主要政党（NLD, USDP, ANP, SNLD）

表2-3 2015年総選挙における主要政党の地域別獲得議席数（連邦議会）

		NLD	USDP	ANP	SNLD	その他	合計	（構成比,％）
管区域	ザガイン	48	1	0	0	0	49	10.0
	タニンダーイー	22	0	0	0	0	22	4.5
	バゴー	39	1	0	0	0	40	8.1
	マグウェー	37	0	0	0	0	37	7.5
	マンダレー*	41	7	0	0	0	48	9.8
	ヤンゴン	56	1	0	0	0	57	11.6
	エーヤーワディー	37	1	0	0	0	38	7.7
州	カチン	22	3	0	0	5	30	6.1
	カヤー	15	3	0	0	1	19	3.9
	カイン	16	3	0	0	0	19	3.9
	チン	16	1	0	0	4	21	4.3
	モン	21	0	0	0	1	22	4.5
	ヤカイン	5	2	22	0	0	29	5.9
	シャン	15	18	0	15	12	60	12.2
全国	7管区域	280	11	0	0	0	291	59.3
	7 州	110	30	22	15	23	200	40.7
	合　計	390	41	22	15	23	491	100.0
＜参考＞シェア	7管区域	96.2	3.8	0.0	0.0	0.0	100.0	－
	7 州	55.0	15.0	11.0	7.5	11.5	100.0	－
	全　国	79.4	8.4	4.5	3.1	4.7	100.0	－

（出所）選挙管理委員会，伊野（2016）など。
（注）＊ネーピードー連邦直轄地を含む。

の獲得議席数を管区域・州別に示したものである。主要政党の議席獲得パターンが，管区域と州のあいだで大きく異なることがわかる。

　NLDは7管区域の291議席のうち280議席（7管区域議席の96.2％）を獲得した。ビルマ民族が多く居住し，連邦議会の全議席の約6割を占める7管区域においてNLDは圧倒的な強さをみせた。一方，少数民族が多く居住し，全議席の約4割を占める7州においては，NLDは200議席のうち110議席（7州議席の55.0％）を獲得するにとどまった。ここでは，少数民族政党とUSDPが健闘した。

　USDPは7管区域の291議席のうち11議席（7管区域議席の3.8％）しか獲得できなかった。ここではUSDPはNLDと直接競合し，大部分の選挙区で敗北を喫した。ただし，USDPは唯一マンダレー管区域（ネーピードー連邦直轄地を含む）でのみ，48議席中7議席を獲得している。7議席のうち5議席は下院の議席で，

第 2 章　2015年ミャンマー総選挙結果を読む

ネーピードー連邦直轄地のゼーヤティリ区を除くヤメーディン区，ピョーボウェー区，メイッティーラー区，タズィー区の4つの選挙区は中央ミャンマーに位置し，互いに隣接した地域である。

　この地域は7管区域においては，イスラム教徒が多い地域といわれる[12]。この地域の中心都市のひとつであるメイッティーラーでは，2013年3月にイスラム教徒が経営する金製品の店で始まった口論から仏教徒とイスラム教徒の衝突が起き，市街地を焼く大規模な暴動が発生した。その後，両者の対立は周辺の郡にも飛び火した。背景には2011年民政移管後のミャンマーにおける，反イスラム感情の高まりがある[13]。過激な仏教僧団体である民族宗教保護団体（ビルマ語で通称マ・バ・タ）は，ミャンマー国民の多数派が信仰する上座部仏教を保護するとして反イスラム的な言説を広めている。マ・バ・タはヤカイン州北部に居住するムスリム・ロヒンギャの難民問題に好意的な発言をしたことがあるスーチー氏を嫌悪し，2015年総選挙ではUSDPを陰で支援していたといわれる。マ・バ・タの活動は全国的に行われているが，大規模な反イスラム暴動を経験したこの地域でとくにマ・バ・タのUSDP支持が効果を発揮した可能性はあるだろう。

　また，USDPは7州においては200議席のうち30議席（7州議席の15.0％）を獲得した。NLDの110議席（55.0％）には大きく差をあけられているが，7管区域における成績に比べれば4倍のシェアを確保したことになる。とくにシャン州では60議席中18議席（30.0％）を得て，NLDとSNLDの15議席（25.0％）を上回った。USDPがNLDを超える議席を得たのはシャン州のみである。

　ANPはNLD,USDPに次いで第3党となったが，すべての議席をヤカイン州で得ている。ANPはヤカイン州の全29議席のうち22議席（75.9％）を獲得した。NLDはヤカイン州では5議席（17.2％），USDPは2議席（6.9％）しか獲得できなかった。ANPは2013年にヤカイン民族発展党（Rakhine Nationalities Development Party: RNDP）とヤカイン民主連盟（Arakan League for Democracy: ALD）が2015年総選挙での勝利をめざして統合し，誕生した政党である。ANPの党首にはRNDPを率いていたエーマウン氏が就任し，ナンバー・ツーの議長にはALDを率いていたエーターアウン氏が就いた[14]。

　RNDPは2010年総選挙に参加し下院で9議席，上院で7議席の合計16議席を獲得した政党である。この時ALDはNLDのボイコット方針に沿い，2010年総

選挙に参加しなかった。しかし，ALDは1990年総選挙には参加しており，この時ヤカイン州の27議席[15]のうち11議席を獲得していた。ANPは2015年総選挙の下院で52.6％の得票率[16]を得たが，これは2010年総選挙の際のRNDPの下院での得票率30.5％と，1990年総選挙（一院制の人民議会）の際のALDの得票率20.7％を足した数字に近い。ANPは有力地元政党の統合により，少数民族政党への有権者の支持を糾合することに成功したといえよう。

　ただし，ここで注意しておかなければならない点は，ヤカイン州北部のイスラム教徒・ロヒンギャ問題の影響である。この地域で2012年5月に女性が暴行され殺された事件をきっかけに，多数派の仏教徒ヤカイン民族とイスラム教徒のロヒンギャとが衝突し，大きな暴動が起きた。政府はヤカイン州に非常事態宣言を出し沈静化を図ったが[17]，仏教徒対イスラム教徒の対立はその後，先に述べた2013年3月のメイッティーラーでの暴動へと飛び火したのである。こうしたヤカイン民族の反イスラム感情と暴動の経験がロヒンギャ寄りの発言をしたことがあるスーチー氏への反感を強め，逆に民族政党であるANPへの支持を集めることにつながった点も見逃せない。また，ヤカイン州のムスリムの多くは暫定国民登録証の保持者であるが，2010年総選挙では認められた彼らに対する選挙権が2015年総選挙では事実上認められなかった。こうした事情もANPの勝利を後押ししたものと考えられる。

　第4党となったSNLDはすべての議席をシャン州で得た。SNLDはシャン州の全60議席のうち15議席（25.0％）を獲得した。これはUSDP（18議席）には及ばず，NLD（15議席）と同数であった。SNLDは1988年に設立され，1990年総選挙で全485議席のうち23議席（4.7％）獲得した政党である。獲得議席数こそ多くはなかったが，圧勝したNLD（392議席，80.8％）に次ぎ第2党となった。しかし，2010年の総選挙にはNLDのボイコット方針に沿い，参加しなかった。この時はシャン民族民主党（Shan Nationalities Democratic Party: SNDP）が出馬し，下院で18議席，上院で3議席，合計21議席（当時の民選議席493の4.3％）を獲得し，388議席（78.7％）を獲得したUSDPに次いで第2党となった。SNDPは2015年総選挙にも参加したが，下院，上院のいずれにおいても議席を得ることはできなかった。SNLDとSNDPの両党の参加により，シャン民族の票が割れた可能性が高い。これはふたつの党を統一して成功したANPと対照的である。

　なお，SNLDは統一民族同盟（United Nationalities Alliance: UNA）という1990

年総選挙に出馬し，スーチー氏にも近い少数民族政党の集まり（加盟6政党）の中心政党である。一方，SNDPは民族ブラザーフッド連盟（Nationalities Brotherhood Federation: NBF）という2010年総選挙に参加し，テインセイン政権にも近い少数民族政党の集まり（加盟20政党）の中心政党である（五十嵐 2015, 177-178）。このように少数民族政党も，政治的ポジションにより割れている。

　ヤカイン州とシャン州以外の5つの州では，各州における有力な少数民族政党がなく，あるいはいくつかの少数民族政党が分立したことにより票が割れたため，NLDの独走を許した。カチン州では少数民族政党としては，リス民族発展党（Lisu National Development Party: LNDP）が下院で2議席，カチン州民主党（Kachin State Democracy Party: KSDP）が下院で1議席を獲得した[18]。KSDPはカチン独立機構（Kachin Independence Organization: KIO）の元副議長であるマナム・トゥージャー氏により2013年に設立された政党である。しかし，国軍との戦闘を続けるKIO主流派は2015年総選挙に参加しなかった。カチン民族の最大政治勢力であるKIOを欠いたことが，NLDの勝利につながったと考えられる。

　カイン州では少数民族政党は議席を獲得することができなかった。この原因として伊野（2016, 90-91）は選挙区割りの変更，少数民族政党からNLDへの票の流出，少数民族政党間での票の割れの3点を指摘している。後者ふたつの要因はカヤー州やモン州にも当てはまる（伊野 2016, 90-91, 94-95）。他方，チン州ではゾミ民主連盟（Zomi Congress for Democracy: ZCD）が両院で2議席ずつ合計4議席を獲得した。ZCDは同じく4議席を獲得したパオ民族機構（Pao National Organization: PNO）と並び，連邦議会で第6党となった。しかし，ほかのチン民族政党は議席を獲得できなかった。

　なお，NLDが「州」においても民選議席の過半数を獲得できた要因のひとつとして，NLDがその候補者として少数民族を立てた点も指摘できる[19]。表2-4と表2-5は下院と上院におけるNLD当選者の民族属性を示したものである。自分が属する民族名は自己申告であり，ミャンマーでは厳密な民族分類も存在しない。そのためやや恣意的ではあるが，以下のように分類してこれらの表を作成した。まず，自分をビルマ語で「バマー」もしくは「ミャンマー」と申告した者を「ビルマ民族」とした。つぎに，各州の名前となっている少数民族であると申告した者（たとえば，カチン州において「カチン民族」と申告した場合）を「州名を冠した少数民族」とした。同じ民族群に属すると思われる民族名の申

表2-4　2015年総選挙のNLD当選者の民族属性（下院）

		ビルマ民族**	州名を冠した少数民族	その他の少数民族	合計	（ビルマ民族の構成比, %）
管区域	ザガイン	31	−	5	36	86.1
	タニンダーイー	10	−	0	10	100.0
	バゴー	26	−	1	27	96.3
	マグウェー	24	−	1	25	96.0
	マンダレー*	29	−	2	31	93.5
	ヤンゴン	41	−	3	44	93.2
	エーヤーワディー	20	−	5	25	80.0
州	カチン	5	2	5	12	41.7
	カヤー	0	2	4	6	0.0
	カイン	3	3	0	6	50.0
	チン	1	5	1	7	14.3
	モン	1	4	5	10	10.0
	ヤカイン	0	4	0	4	0.0
	シャン	7	0	5	12	58.3
	7管区域	181	0	17	198	91.4
	7州	17	20	20	57	29.8
全国		198	20	37	255	77.6

（出所）Open Myanmar Initiative作成の候補者データベースを基に作成。
（注）＊ネーピードー連邦地域を含む。
　　＊＊ビルマ民族と少数民族との混血の場合は，少数民族として分類。

告があっても，州名と完全に一致しなければそれは「その他の少数民族」として分類している。また，ビルマ民族と少数民族との混血の場合は，少数民族として分類した。

　表2-4によれば，7管区域では下院のNLD当選議員198人のうち181人（91.4％）がビルマ民族であるのに対し，7州では下院のNLD当選議員57人のうちビルマ民族は17人（29.8％）にとどまっている。これに対して，「州名を冠した少数民族」と「その他の少数民族」はそれぞれ20人（35.1％）であった。表2-5によれば，7管区域では上院のNLD当選議員82人のうち70人（85.4％）がビルマ民族であるのに対し，7州では上院のNLD当選議員53人のうちビルマ民族は15人（28.3％）にとどまっている。7州の上院のNLD当選議員の民族属性で最も多いのは，「州名を冠した少数民族」の28人（52.8％）であり，「その他の少数民族」も10人（18.9％）いる。このように両院ともに，州におけるNLD当選議員は少数民族が多い。

表2-5　2015年総選挙のNLD当選者の民族属性（上院）

		ビルマ民族**	州名を冠した少数民族	その他の少数民族	合計	(ビルマ民族の構成比, %)
管区域	ザガイン	10	-	2	12	83.3
	タニンダーイー	10	-	2	12	83.3
	バゴー	11	-	1	12	91.7
	マグウェー	12	-	0	12	100.0
	マンダレー*	9	-	1	10	90.0
	ヤンゴン	10	-	2	12	83.3
	エーヤーワディー	8	-	4	12	66.7
州	カチン	5	2	3	10	50.0
	カヤー	0	4	5	9	0.0
	カイン	1	8	1	10	10.0
	チン	0	9	0	9	0.0
	モン	8	3	0	11	72.7
	ヤカイン	0	1	0	1	0.0
	シャン	1	1	1	3	33.3
	7管区域	70	0	12	82	85.4
	7州	15	28	10	53	28.3
	全国	85	28	22	135	63.0

（出所）Open Myanmar Initiative 作成の候補者データベースを基に作成。
（注）　＊ネーピードー連邦地域を含む。
　　　＊＊ビルマ民族と少数民族との混血の場合は，少数民族として分類。

　もちろん，地元の候補者を優先したため，自然とその地域の少数民族が候補者・当選者となったという解釈も可能である。しかし，その場合でもその地域の少数民族がNLD候補者であることは，少数民族政党の少数民族候補者との競合において不利になるひとつの条件を取り除く効果があったのではないかと考える[20]。

第3節　得票率からみる投票行動

　すでに述べたとおり，ミャンマー連邦議会では下院・上院ともに小選挙区・単純多数制をとっている。この選挙制度では死票が多くなるため，獲得議席割合と得票率とのあいだに乖離が生じる。表2-6，表2-7，表2-8によれば，2015年総選挙においても，両者のあいだに相当な乖離があることがわかる。両院にお

表2-6 2015年総選挙連邦議会における政党別議席割合と得票率 (総括表)

		NLD			USDP		
		議席割合(%)	得票率(%)	差(議席−得票)	議席割合(%)	得票率(%)	差(議席−得票)
下院	管区域	95.7	63.6	32.0	4.3	29.2	▲ 24.9
下院	州	49.1	33.5	15.6	18.1	25.1	▲ 7.0
下院	全国	78.9	57.2	21.7	9.3	28.3	▲ 19.0
上院	管区域	97.6	64.2	33.4	2.4	29.1	▲ 26.7
上院	州	63.1	33.8	29.3	10.7	24.8	▲ 14.1
上院	全国	80.4	57.7	22.7	6.5	28.2	▲ 21.7
連邦議会	管区域	96.2	63.9	32.3	3.8	29.2	▲ 25.4
連邦議会	州	55.0	33.6	21.4	15.0	24.9	▲ 9.9
連邦議会	全国	79.4	57.4	22.0	8.4	28.3	▲ 19.9

(出所) 選挙管理委員会, 伊野 (2016) など。

表2-7 2015年総選挙下院における政党別議席割合と得票率 (管区域・州別)

	NLD			USDP		
	議席割合(%)	得票率(%)	差(議席−得票)	議席割合(%)	得票率(%)	差(議席−得票)
ザガイン	97.3	68.2	29.1	2.7	25.3	▲ 22.6
タニンダーイー	100.0	71.4	28.6	0.0	23.8	▲ 23.8
バゴー	96.4	61.3	35.1	3.6	29.8	▲ 26.2
マグウェー	100.0	66.6	33.4	0.0	27.8	▲ 27.8
マンダレー*	86.1	60.8	25.4	13.9	32.5	▲ 18.6
ヤンゴン	97.8	70.9	26.8	2.2	22.1	▲ 19.9
エーヤーワディー	96.2	54.0	42.2	3.8	37.5	▲ 33.6
管区域	95.7	63.6	32.0	4.3	29.2	▲ 24.9
カチン	66.7	46.4	20.2	16.7	25.2	▲ 8.6
カヤー	85.7	55.1	30.6	14.3	25.7	▲ 11.4
カイン	85.7	45.3	40.4	14.3	26.1	▲ 11.8
チン	77.8	37.6	40.1	0.0	23.8	▲ 23.8
モン	100.0	50.1	49.9	0.0	26.7	▲ 26.7
ヤカイン	23.5	16.2	7.3	5.9	22.9	▲ 17.1
シャン	25.0	27.4	▲ 2.4	31.3	25.3	5.9
州	49.1	33.5	15.6	18.1	25.1	▲ 7.0
全国	78.9	57.2	21.7	9.3	28.3	▲ 19.0

(出所) 選挙管理委員会, 伊野 (2016) など。
(注) *ネーピードー連邦直轄地を含む。

表2-8 2015年総選挙上院における政党別議席割合と得票率（管区域・州別）

	NLD			USDP		
	議席割合(%)	得票率(%)	差(議席−得票)	議席割合(%)	得票率(%)	差(議席−得票)
ザガイン	100.0	68.8	31.2	0.0	25.3	▲ 25.3
タニンダーイー	100.0	69.8	30.2	0.0	22.9	▲ 22.9
バゴー	100.0	61.6	38.4	0.0	29.6	▲ 29.6
マグウェー	100.0	66.3	33.7	0.0	27.7	▲ 27.7
マンダレー*	83.3	61.7	21.6	16.7	31.8	▲ 15.2
ヤンゴン	100.0	72.3	27.7	0.0	22.8	▲ 22.8
エーヤーワディー	100.0	54.5	45.5	0.0	37.4	▲ 37.4
管区域	97.6	64.2	33.4	2.4	29.1	▲ 26.7
カチン	83.3	46.5	36.8	0.0	17.1	▲ 17.1
カヤー	75.0	48.5	26.5	16.7	25.6	▲ 9.0
カイン	83.3	46.7	36.7	16.7	25.0	▲ 8.3
チン	75.0	38.3	36.7	8.3	22.3	▲ 14.0
モン	91.7	49.4	42.3	0.0	25.9	▲ 25.9
ヤカイン	8.3	16.6	▲ 8.3	8.3	22.1	▲ 13.7
シャン	25.0	28.3	▲ 3.3	25.0	28.1	▲ 3.1
州	63.1	33.8	29.3	10.7	24.8	▲ 14.1
全 国	80.4	57.7	22.7	6.5	28.2	▲ 21.7

（出所）選挙管理委員会，伊野（2016）など。
（注）＊ネーピードー連邦直轄地を含む。

いてNLDは約6割の得票率で約8割の議席を獲得したのに対し，USDPは約3割の得票率で1割以下の議席しか得られなかった。もし比例代表制がとられていればUSDPは約3割の議席を獲ることになり，連邦議会の4分の1を占める軍人議席と合わせれば，政権を維持できる可能性があった。実際，USDPは総選挙前に比例代表制に選挙制度を変えるよう議会に提案している。かなり早い段階から，NLD有利，USDP不利がわかっていたためである。

しかし，USDPが議会の過半数を握っていたにもかかわらず，選挙制度の改変は実現しなかった。ミャンマーでは選挙制度の変更には憲法改正が必要であるなど，ハードルは低くない。それでも選挙制度の変更は不可能ではなかったはずである。テインセイン大統領には是が非でも政権を維持しようとする，強い政治的意思がなかったようにもみえる。あるいは，総選挙で負けたにもかかわらず軍人議席を使って政権の座に居座っても，国民の理解を得られないとの判断があったのかもしれない。

こうした死票の問題に加えて，先に述べたとおり2015年総選挙では1票の格差が非常に大きかった。そのため，獲得議席数のみでは国民の投票行動を必ずしも的確に知ることができない。そこで，本節ではより直接的に投票行動を観察できる得票率に基づいて，2015年総選挙の結果をみていきたい[21]。

1．政党間の競合関係

　表2-6，表2-7，表2-8によれば，NLDの得票率は両院ともに，ビルマ民族が多く居住している管区域で高く，少数民族が多く居住している州で低い。USDPも管区域での得票率が州でのそれよりも高いが，その差はNLDほどではない。NLDとの比較でみれば，USDPは州において相対的に強いということができる。

　図2-1は下院におけるNLDとUSDPとの，図2-2は同じくNLDとその他政党（＝少数民族政党が中心）との得票率の相関を示したものである。図2-1からNLDとUSDPは管区域において，NLDが得票率が高くなるとUSDPの得票率が低くなるという関係，すなわち競合関係にあることがわかる。これに対して，州においては，NLDの得票率の高低にかかわらずUSDPは25％程度の一定の得票率を得ており，両党が直接の競合関係にないことが示唆される。後で説明するように，州においてNLDは少数民族政党と得票率を競っている。

　NLDの管区域における得票率をみると，ヤンゴン管区域において70.9％の得票率を得たのに対し，エーヤーワディー管区域では54.0％にとどまった。一般

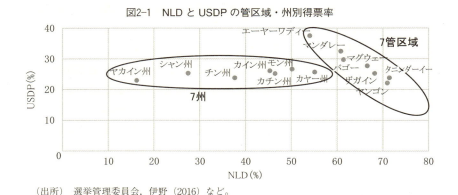

図2-1　NLDとUSDPの管区域・州別得票率

（出所）選挙管理委員会，伊野（2016）など。

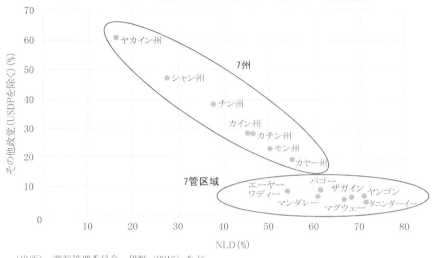

図2-2 NLDとその他政党（USDPを除く）の管区域・州別得票率

(出所) 選挙管理委員会，伊野（2016）など。

にはテインセイン大統領とUSDPが行ってきた政治・経済改革の最大の受益者は，ヤンゴン都市部の住民と考えられていた。開放政策によって外資が流入したのはおもにヤンゴンであり，そこで仕事を得たり，土地の価格が高騰したことで利益を得たりした人々が最も多かったのがヤンゴンである。インフラ整備もヤンゴンで急速に進んだ。しかし，ヤンゴン管区域におけるUSDPの得票率は14の管区域・州のなかで最も低かった。

これと対照的に，エーヤーワディー管区域ではNLDの得票率が7つの管区域のなかで最低であったのに対し，USDPは14の管区域・州のなかで最高の37.5%の得票率を得た。NLDのマニフェスト「変化の時は来た」によれば，同党が農業・農村開発や農地問題の解決を優先政策課題に位置づけていることは明らかである。本来，ミャンマー最大の穀倉地帯であるエーヤーワディー管区域の農業関係者から高い支持を得ても不思議ではないと思われるが，実際にはそうならなかった。USDP党首のテインセイン大統領も共同党首のテーウー元農業灌漑大臣もエーヤーワディー管区域の出身であり，USDPはこの地域での選挙キャンペーンに力を入れた。農村部ということで，USDPにとっては灌漑や道路整備などの開発実績を示しやすかったのかもしれない。あるいは，政権党としての地

61

位を利用して，公共事業を地元にもってくるなど利益誘導があったのかもしれない[22]。テインセイン大統領やUSDP政権の改革や開発プログラムを評価した有権者が，一定程度いたと考えることもできるであろう。

ただし注意すべきは，1990年総選挙においてもNLDのエーヤーワディー管区域における得票率（この時は58.2％）は，7管区域において最も低かったという事実である。伊野（1992, 17）は当時，軍政のエーヤーワディー管区域における民主化勢力・選挙運動に対する弾圧がほかの地域よりも厳しかったことをNLDの低い得票率の原因として指摘している。しかし，2015年総選挙の結果をみると，必ずしもこうした説明は十分ではない[23]。また伊野は同じ論文のなかで，当時広まっていた「NLDは農民にあまり人気がない」とする見方は誤りであるとも指摘しているが，この点も，もう一度検討する必要があるだろう。

つぎに，図2-2から各州においては，NLDの得票率が高いと少数民族政党[24]の得票率が低いという関係，すなわち両者が競合関係にあることがわかる。今回，NLDは少数民族政党と選挙協力をせず，各州においてもほぼすべての選挙区に候補者を立てた。有権者は地元の少数民族政党に投票して民族的アイデンティティを示すか，全国政党のNLDに投票して政権交代に貢献するかの選択を迫られた。結果として，前節で議論したようにヤカイン州やシャン州など有力な少数民族政党が存在するところでは票はこうした政党に一定程度流れ，地元の有力政党が存在しないところ，あるいはいくつかの少数民族政党が分立したところでは，NLDが選ばれるという結果になった。

一方，USDPの各州における得票率は約25％で安定しており，USDPは各州においてNLDとも少数民族政党とも直接の競合関係にないことが示唆される。先に述べたように，テインセイン大統領とUSDPの改革の最大の受益者はヤンゴン都市住民であり，農村部や州の住民が大きな利益を得てきたとは考えられていなかった。にもかかわらず，なぜUSDPは各州で一定の支持を得ることができたのであろうか。テインセイン大統領とUSDPが進めてきた少数民族武装勢力との和平への努力が支持されているのか，各州でのインフラ開発などが評価されているのか，あるいはそもそも治安の悪い国境地域を抱えるいくつかの州には国軍，国境警備隊，警察などの人員が多く配置されており，各州の少数民族ではなく，こうした治安関係者がUSDPを支持したということもあり得ない話ではない。

NLDの支持者はだれで，USDPの支持者はだれなのか。現時点では筆者はこの点を明らかにする情報をもっていないが，この問題は今後のミャンマー政治をみるうえで重要な論点である（章末のコラムを参照）。

２．1990年総選挙と2015年総選挙の比較

つぎに，NLDとUSDPにつき，自由・公正に行われたふたつの総選挙，すなわち1990年総選挙と2015年総選挙の得票率の変化をみてみよう。もちろん，両時点では選挙制度も異なるし，USDPについては1990年には存在さえしていない。そこでやや乱暴ではあるが，①NLDについては，1990年人民議会選挙（397議席）におけるNLDの得票率と，2015年下院選挙（323議席）におけるNLDの得票率とを比較，②USDPについては，1990年人民議会選挙におけるNUPの得票率と，2015年下院選挙におけるUSDPの得票率とを比較することにしたい。ただしNUPはBSPPの後継政党であり，1990年総選挙の当時，軍政はNUPへの政権移譲を考えていた。1988年の全国規模の民主化運動はBSPP政権に反対して発生したものであり，それから2年しか経っていない1990年総選挙においてはNUPの得票率が異常に低かったという解釈も成り立つ。こうした留意点を頭におきつつ，数字をみていくことにしたい。

表2-9はNLDとNUPの1990年総選挙時の得票率と，NLDとUSDPの2015年総選挙時の得票率とを比較したものである。NLDは全国レベルにおいても，14の管区域・州のうち10の地域においても，得票率を低下させている。これと対照的に，USDPは全国レベルにおいても，ヤンゴン管区域を除く13の管区域・州においても，得票率を上昇させている。ただし，その変化は全国レベルで3パーセント・ポイント程度にすぎず，誤差の範囲といえなくもない。ここでは，もしこれらの数字に意味があるとした場合，すなわち単なる誤差やそもそも比べるべきでない数字であると考えない場合，どのように解釈すべきかを示し議論に供したい[25]。

いくつかの解釈が考え得る。まず，NLDは1988年の結党以来軍政の弾圧を受け続け，2011年まで政治活動をほとんどできなかった。その後，2012年の補選でスーチー氏を含めNLD議員が誕生したものの，議会では少数野党であったため目立った成果を国民に示すことができなかった。スーチー氏の国民人気は持続

表2-9 NLDとUSDPの得票率の変化
(下院，1990年→2015年)

	NLD[1]	NUP/USDP[2]
ザガイン管区域	1.96	1.27
タニンダーイー管区域	▲ 13.39	11.15
バゴー管区域	▲ 3.49	1.95
マグウェー管区域	▲ 3.26	2.54
マンダレー管区域	▲ 4.89	5.72
ヤンゴン管区域	4.40	▲ 2.76
エーヤーワディー管区域	▲ 4.17	2.85
管区域	▲ 1.67	2.07
カチン州	▲ 6.30	5.12
カヤー州	13.26	0.15
カイン州	▲ 11.76	6.53
チン州	9.22	2.38
モン州	▲ 8.77	9.17
ヤカイン州	▲ 13.10	9.03
シャン州	▲ 5.60	8.14
州	▲ 7.40	8.00
全　　国	▲ 3.23	3.20

(出所) 伊野（2016, 表6）から計算。
(注) 1) NLDの数字は，1990年人民議会におけるNLDの得票率と，2015年人民代表院におけるNLDの得票率の差。
2) USDPの数字は，1990年人民議会におけるNUPの得票率と，2015年人民代表院におけるUSDPの得票率の差。

したが，政治の成果（パフォーマンス）を重視する一部の有権者の支持は失った。こうした解釈がひとつである。

もうひとつは，スーチー氏が政治の世界にデビューするきっかけとなった，1988年の民主化運動を知らない世代が増加していることに関係しているという解釈である。1988年に18歳だった人は，2015年には45歳になっている。これ以下（44歳以下）の年齢層を「知らない世代」とすると，18歳以上人口（＝有権者の母体）の64％がこれに相当する。いわゆる「88世代」と異なり，民主化運動を体験していないこの若い世代は反軍感情が弱いのかもしれない。

さらには，テインセイン大統領とUSDPが進めた4年半の「上からの改革」

の成果を，有権者は一定程度評価したという解釈ももちろん可能であろう。各地域における政党間の競合状況と支持調達の要因解明は，今後の研究課題である。

第4節　総選挙の意義

　最後に，2015年総選挙の意義を考えてみよう。いくつかの点を指摘することができる。第1に，2015年総選挙はミャンマーで半世紀ぶりに自由・公正に実施された，歴史的イベントであったという点である。前回の総選挙は2010年11月に実施されたが，この時は軍政下でスーチー氏が自宅軟禁にあり，NLDは総選挙をボイコットした。最大の民主化勢力が参加しなくては到底，自由・公正な総選挙とは呼べない。その前の総選挙は1990年にまで遡る。この時は今回と同様NLDが圧勝したものの，その後軍政が政権移譲を拒否したため選挙結果が実現することはなかった。その前はというと，社会主義時代の信任投票となってしまう。ミャンマーで正当に行われた最後の総選挙は1960年のそれとなり，じつに55年も昔になる。

　第2に，国民が総選挙で選んだ代表，すなわちNLDが大統領を選び，政権を樹立することになった点である。2015総選挙の結果，390議席を獲得したNLDは連邦議会（民選議席491＋軍人議席166＝全議席657）の59.4％を占めることとなった。NLDは下院（民選議席323＋軍人議席110＝全議席433）においても255議席（58.9％）を，上院（民選議席168＋軍人議席56＝全議席224）においても135議席（60.3％）を獲得した。このことにより，NLDは下院の民選議員団からと上院の民選議員団からのふたりの副大統領を単独で選出することができ，かつ連邦議会においてそのうちのひとりを単独で大統領に選ぶことができる議席数をもった。実際に連邦議会はNLDが推したティンチョー氏を次期大統領に選出し，2016年3月30日彼は正式に大統領に就任した。1962年以来54年ぶりに，総選挙で国民の支持を得た政党から大統領が出た。

　なお，NLD政権の誕生には「国軍の選択」も重要であった。総選挙から3週間が経った2015年12月2日，スーチー氏はテインセイン大統領，ミンアウンフライン国軍最高司令官と相次いで面会した。そして同年12月4日には，かつて

スーチー氏を15年にわたり自宅軟禁においた宿敵，旧軍政トップのタンシュエ元議長との会談が実現した。この会談でタンシュエ元議長は，スーチー氏を「将来の指導者」と認めたという。両者が「和解」したことで，国軍がNLDへ政権移譲することが確実となった。NLD政権の誕生は，スーチー氏が代表する民主化勢力とタンシュエ元軍政議長が代表する国軍とが，過去四半世紀を通じて民主化をめぐり激しく争い，その過程で国民生活が著しく劣化するという悪循環に終止符を打った。2015年総選挙を経てミャンマーは，真の意味での「ポスト軍政」を迎えることとなったのである。

　第3に，ミャンマーにおいて政治――より正確には政党政治――が始まる（あるいは1950年代以来復活する）という点である。今回の総選挙では「民主化」というシングル・イシューとスーチー氏の国民的人気でNLDは勝利を収めた。しかし，本章で議論してきたように，2015年総選挙の結果を詳しく観察すると，そこにはNLD圧勝のみに還元されない有権者の多様な選択がある程度反映されていた。総選挙の結果にはミャンマー社会の多元性や多様な利害が透けてみえた。今後はNLD，USDP，そして少数民族政党が中心となって，それぞれ独自の政策的位置づけとシングル・イシューではない政策の束（セット）を提示して，有権者の支持獲得を競う時代になるだろう。すなわち，民主化をめぐる「イデオロギーの政治」から，経済成長などの成果を重視する「パフォーマンスの政治」への移行が始まるのである。

　第4に，獲得議席数におけるNLDの圧勝・USDPの惨敗によって，国軍の国政における役割の再定義がいよいよ議題にあがるという点である。もともと軍政が2011年3月に民政移管をしたときには，議会における4分の1の軍人議席とUSDPの議席によって政権を維持し続けようと考えていたはずである。そのためテインセイン大統領とUSDPは改革をすすめ，2015年総選挙の前に国民に目にみえる成果を示そうとした。しかし，この戦略が失敗に終わったことはすでにみたとおりである。USDPを失った軍人議員は，議会の4分の3を超える賛成が必要な憲法改正を阻止することはできるが，それ以外のこと――法案を否決したり予算案を修正したりすること――はできない。今後，NLD政権は国軍への民主化圧力を強めるだろう。国軍は自らの国政への関与のあり方につき，再検討を迫られることになる[26]。

おわりに

　軍政時代，薄暗い裸電球の下で，国民は「自由」と「豊かさ」を求めてきた。軍政下ではいずれもが欠けており，国民には両方とも必要であった。2015年総選挙を機に，ミャンマーは本格的に「ポスト軍政」の時代を迎える。もちろん，すでに何度も指摘したように政治には国軍の関与が残っており，ミャンマーが手にした民主主義はまだ4分の3以下のそれである。それでも2015年総選挙結果に基づくNLD新政権の発足は，長い民主化闘争の歴史に一区切りをつけることになるだろう。

　不完全ながら「民主主義」を手に入れた国民は，今後より「豊かさ」を求めるようになるだろう。ミャンマーの政治は民主化をめぐる「イデオロギーの政治」から，徐々に経済成長を軸とする「パフォーマンスの政治」に移行していくのではないか。新たな環境のなかで，スーチー氏とNLDはよりプラグマティックになるだろう。一方，今回敗北したUSDPはいかに「国軍の政党」から脱却し，国民各層から広く支持を得ることができる政党となることができるかが，生き残りのための鍵となる。したがって，USDPも国民の支持を求めて現実路線をとるだろう。NLDとUSDPが現実路線をとるなかで，小選挙区・単純多数制が変わらなければ第三勢力は現れづらい。しかし，少数民族政党は民族アイデンティティの表出として引き続き存続する。とくに選挙制度上，高い代表性を与えられている州では，地元の少数民族政党も生き残ることができるだろう。

　NLDとUSDPの政策位置が近づくにともない，NLD新政権にはテインセイン大統領が進めた「改革」を深化・進化させることが求められる。また，USDPはこれに建設的に協力することで，エリート政党から国民に根差した政党へと脱皮し得る。そして，両党が政策をぶつけ合うことで，ともに政策立案・実施能力が高まっていくはずである。

　普通に考えれば，NLD新政権は安定した政権になるはずである。議会ではNLDが過半数を制し，5年間は解散もない。テインセイン大統領は，個人的なライバル関係もあり，議会に影響力をもつシュエマンド院議長からときに政治的挑戦を受けた。これがテインセイン大統領の政策実施上の足かせとなることがあった。しかし，スーチー氏は大統領にはなれなかったものの，その党内・政権内

でのリーダーシップは圧倒的である。NLD 内部にはスーチー氏に挑戦しようとする人はいないだろう。

　ただし，すでに多くの識者が指摘していることではあるが，NLD 新政権が安定した国家運営をするためには国軍との協力が不可欠である。国軍は連邦議会においては実質的な最大野党であり，連邦政府においては副大統領・国防大臣・内務大臣・国境大臣を出している実質的な NLD との連立パートナーである。もちろん NLD と国軍には民主化をめぐり深刻な意見の不一致がある。この溝は一朝一夕には解消できないだろう。両者はお互いに対話を重ね，妥協点を探りながら，政権運営をしていくほかに道はない。ポスト軍政の時代にあっては，国軍の協力による政治の「安定」と NLD による「改革」の両方がなければ，国民生活の向上と持続的で裾野の広い経済成長の実現は望めないからである。

【注】
(1)　ネーピードー連邦直轄地はマンダレー管区域に含まれる。
(2)　2014年人口センサスによれば，7管区域と7州の人口比は70.7%対29.3%であった。管区域と州における年齢構成が同じだとすると，7管区域の人口に対する有権者の比率が7州のそれよりも高いことになる。これは管区域における選挙行政の方が，辺境地域を含む州におけるそれよりも網羅的であり，有権者の捕捉率が高いことを意味するのかもしれない。
(3)　これに対して，下院選挙では両者の格差は2.1倍にとどまった。
(4)　下院の7選挙区で選挙が実施されなかったので，実際に競われたのは491議席である。
(5)　被選挙権は，下院は25歳以上，上院は30歳以上の人に与えられる。
(6)　下院と上院の有権者数は同数。
(7)　ただし，暫定国民登録証の保有者が多いヤカイン州北部のムスリム・ロヒンギャには，実態として選挙権が与えられなかった。
(8)　投票率の低下の要因として，2010年総選挙の投票率が実態よりも高く発表された可能性を指摘することができる。NLD は2010年総選挙をボイコットした。当時，自宅軟禁下にあったスーチー氏は「国民には投票する権利も，投票しない権利もある」と訴え，実質的に棄権を呼びかけていた。これに対して，総選挙の正当性を示したい当時の軍政は国民に投票を呼びかけた。投票率が高ければ軍政の勝ち，低ければ NLD の勝ちという構図ができていた。こうした背景から，2010年総選挙の投票率が高めに操作されて発表された可能性は否定できない。ちなみに，1990年総選挙の投票率は73%であった（工藤 2012, 67）。
(9)　たとえば，日本政府は2015年11月20日の外務大臣談話において，「今回の総選挙がおおむね自由かつ公正に実施されたことを歓迎」している（外務省ウェブサイト，http://www.mofa.go.jp/mofaj/press/danwa/page4_001564.html　2016年4月25日アクセス）。

第 2 章　2015年ミャンマー総選挙結果を読む

⑩　管区域・州議会の選挙結果については第3章を参照のこと。
⑪　NUP はビルマ社会主義計画党（Burma Socialist Programme Party: BSPP）の後継政党である。
⑫　2014年4月に実施された人口センサスには民族・宗教に関する調査項目が含まれている。しかし，本章執筆時点（2016年4月11日）において民族・宗教別の人口は公表されていない。
⑬　ミャンマー社会におけるムスリムのおかれた状況については斎藤（2015）を参照。
⑭　エーターアウン氏は2016年2月3日，NLD の支持を得て上院の副議長に就任した。
⑮　1990年総選挙は一院制の人民議会のみであった。
⑯　以下，本章で「得票率」という場合は，有効投票数に対する得票数の比率を指す。
⑰　2016年3月28日，ヤカイン州の非常事態宣言は，ほぼ4年ぶりに解除された。
⑱　表2-3のカチン州の「その他」政党は5議席である。ふたつの少数民族政党による下院における3議席に加えて，上院で NUP が1議席，無所属候補者が1議席を獲得した。なお，2015年総選挙における NUP の獲得議席はこのひとつのみである。
⑲　候補者の民族属性については，本書第1章を参照。
⑳　NLD は新議会・新内閣において少数民族を要職に採用している。たとえば，副大統領はチン族であるし，両院の正副議長4人のうち3人は少数民族である。これは NLD が総選挙においては少数民族政党と選挙協力をしなかったものの，新体制においては民族的バランスにも気を配っていることを示している。
㉑　本節は工藤（2016）を加筆・修正したものである。
㉒　松田（2015，143-144）はザガイン管区域の貧しい村における，テインセイン政権による比較的予算規模の大きな土木工事や USDP による村民へのソーラー発電パネルの無償支給の事例を紹介している。
㉓　このことは伊野自身が伊野（2016，100）で指摘している。
㉔　図2-2の「その他政党（USDP を除く）」は，州においてはほぼ少数民族政党と考えてよい。
㉕　14の管区域・州における NLD の1990年総選挙での得票率と2015年総選挙における得票率との相関係数は0.88である。また，14の管区域・州における NUP の1990年総選挙での得票率と，USDP の2015年総選挙における得票率との相関係数は0.74である。いずれも高い相関を示しており，NLD と NUP/USDP の管区域・州別の得票率に関するかぎり，2015年総選挙は1990年総選挙の再現に近かったといえる。したがって，両時点間の管区域・州別の得票率の差を議論することは，必ずしも意味のないことではないと考える。
㉖　国軍が護持する2008年憲法は，国家の基本原則として「真正かつ規律正しい複数政党制民主主義の発展」（2008年憲法第6条(4)）と「国軍の国民政治への参画の保障」（同第6条(6)）を謳っている。ここで「国民政治」（ビルマ語でアミョーダー・ナインガンイェー）とは「政党政治」（＝複数政党制民主主義）に対する国軍独自の概念である。この条項は，党派争いなどで「政党政治」が機能しなくなった場合，国全体の利益を実現する「国民政治」を行うために国軍は政治介入できる，という意味である。しかし当然ながら，スーチー

69

氏あるいは NLD はこうした国軍のパターナリズムを認めていない。

〔参考文献〕

<日本語文献>

五十嵐誠　2015.「少数民族と国内和平」工藤年博編『ポスト軍政のミャンマー──改革の実像──』アジア経済研究所　157-182.

伊野憲治　2016.「2015年ミャンマー総選挙の結果」『基盤教育センター紀要』(北九州市立大学)(24)　3月　85-133.

─── 1992.「『資料』1990年ミャンマー総選挙の結果」『アジア・アフリカ言語文化研究所通信』(75)　7月　14-41.

工藤年博　2016.「2015年ミャンマー総選挙と『ポスト軍政』の政治」, IIST e-Magazine No.0253 (2016年3月31日配信) 貿易研修センター (http://www.iist.or.jp/jp-m/2016/0253-1005/ 2016年4月10日アクセス).

─── 2012.「2010年ミャンマー総選挙結果を読む」工藤年博編『ミャンマー政治の実像─軍政23年の功罪と新政権のゆくえ─』アジア経済研究所　41-70.

斎藤紋子　2015.「ミャンマー社会におけるムスリム──民主化による期待と現状──」工藤年博編『ポスト軍政のミャンマー──改革の実像──』アジア経済研究所　183-204.

中西嘉宏・長田紀之　2016.「2015年ミャンマー総選挙：国民民主連盟(NLD)の歴史的勝利」アジア経済研究所. (http://www.ide.go.jp/Japanese/Research/Region/Asia/Radar/201601_osada.html　2016年4月25日アクセス).

松田正彦　2015.「ポスト軍政期の開発援助──地域開発とローカルNGOにみる変化から──」工藤年博編『ポスト軍政のミャンマー──改革の実像──』アジア経済研究所　133-156.

〔コラム〕
NLDとUSDPの支持者はだれ？
――ヤンゴンとミャウンミャでみた総選挙――

　2015年11月8日のミャンマー総選挙は，半世紀におよぶ国軍支配からの転換をかけた歴史的イベントであった。ミャンマー・ウォッチャーとしては，このイベントを見逃すことはできない。私は大学での仕事を調整し（後回し？），11月5日の夜行便で羽田を飛び立った。そして，翌6日の朝にバンコク経由でヤンゴンに到着すると，すぐに空港から街中のNLD本部に向かった。ヤンゴンではすでに日常となった渋滞に巻き込まれながら，車窓から街の様子を眺めた。しかし，選挙カーに出会うこともなく，街中に候補者のポスターが貼られているほかには，意外なほど選挙戦を感じることはなかった。

　結局，党本部に到着したのはすでに11時近かったが，中央執行委員のひとりが待っていてくれた。すぐに選挙キャンペーンを見に行きたいとお願いすると，今日はもう選挙運動をしないという。投票日の前日の7日はサイレント・デーということで，選挙キャンペーンが禁止されていることは知っていた。しかし，NLDはその前日の6日にも選挙運動をしないことを決めたという。これは選挙戦が過熱し，選挙違反や暴力が発生することを警戒した措置であった。NLDがいかに慎重に選挙活動を進めていたかがうかがえる。

　しかたなく私は友人と合流して，ヤンゴン郊外の運動場で開催されている連邦団結発展党（USDP）の集会に行くことにした。集会にはUSDPのカラーである緑色の服を着た人々が集まっていた（写真2-A）。人数はそれなりにいたが，正直あまり熱気を感じない。参加者のTシャツの背にはヤンゴン郊外の郡の名前が印刷されている。そうした郡からUSDPが仕立てたバスやトラックで，「動員」された人々がほとんどだからであろう。自家用車で来ている人は少なく，低所得層の労働者や農民が多い印象である。

　この運動場では前の週にNLDも集会を開いていた。それにも参加していた友人は，明らかに雰囲気がちがうという。私も週刊誌でその時の写真をみたが，参加者数が圧倒的に多く，人々の表情から熱気を感じとることができる。友人によればNLDの集会には自家用車で参加した人が多く，大変な渋滞が起きたという。この集会だけみれば，NLDの支持層は教育水準が高く資産をもっている中間層が多く，USDPの支持層は動員がかけやすいということもあるだろうが，教育水準が低く低所得層が多いということになる。

　翌7日，私は別の友人に同行し，ミャウンミャへ行くことにした。本文で指摘したように，ヤンゴンには地元に戻らないと投票できない地方出身者が多くいた。

写真2-A　ヤンゴン郊外で開催された USDP の集会

USDP の党のカラーは緑色である。集会参加者の多くは USDP から支給された緑色の服を着ている。広場の中央にはテインセイン大統領（USDP 党首）の写真が立てられている。（筆者撮影，2015年11月6日）

　ミャウンミャはヤンゴンから西へ車で４～５時間のエーヤーワディー管区域の地方都市である。コメの集散地として有名で，街には精米所が集積している。
　私は午後遅くミャウンミャに到着すると，すぐに郡の選挙管理委員会へと向かった。以前は外国人が郡の役所に入ることは事前の許可がなければまず不可能であったが，今回はだれにも止められずに入ることができた。軍政時代とのちがいを実感した。選挙管理委員会の委員は翌日の選挙の準備で忙しくしていたが，私の突然の訪問を快く受け入れてくれた。私が面会した委員は委員長をはじめ全員が民間出身者であった。委員長は高校の元校長，委員のひとりは大学の元講師，委員のもうひとりは精米所の経営者であった。政府各省の役人も選挙管理委員会のメンバーになっているが，この日は土曜日で役所が休みであったためか民間出身の委員としか会えなかった。私は事前に選挙管理委員会に対するメディアのさまざまな批判を読んでいたが，ここでのヒヤリングによりほとんどの疑念は解消した。今回の総選挙が自由・公正に行われるであろうとの心証を得た。
　ミャウンミャ郡は上下院ともに USDP と NLD の一騎打ちであった。USDP の下院の候補者は建設相，上院の候補者は入国管理・人的資源相でふたりとも現職大臣であった。一方，NLD の候補者はいずれも新人であった。USDP 候補者は資金力にものをいわせ，大々的な選挙キャンペーンを展開したようである。これに対して，NLD 候補者は足で稼ぐ地道な選挙運動を展開した模様である。おそらく本書の第１章が描いたような，両党による異なるタイプのキャンペーンが行われた

第 2 章　2015年ミャンマー総選挙結果を読む

写真2-B　選挙前夜，喫茶店で支援者と談笑する NLD 候補

NLD の新人候補者は右からふたりめ。ヤンゴンで医科大学を卒業した医者であるが，現在は地元でビジネスをしている。選挙前日のこの日は選挙活動が禁じられていたが，夜に支援者と喫茶店で談笑していた。（筆者撮影，2015年11月7日）。

のではないかと推察する。

　私はこの日の夕方に USDP の下院の候補者にゴルフ場で，夜には NLD の下院の候補者に喫茶店で会うことができた。NLD の下院の候補者は地元のビジネスマンや NGO 関係者などと一緒に談笑していた（写真2-B）。こうした人々が資金力も組織力もない NLD の新人候補を，勝手連的に支えたようである。結果は，下院が NLD 候補者8万1147票（得票率52.7％），USDP 候補者6万3785票（得票率41.4％），上院が NLD 候補者8万785票（得票率51.8％），USDP 候補者6万3548票（得票率40.75％）で，いずれも NLD 候補者が勝った。

　ところで，私の友人の家族は全員 NLD 支持者であった。とくに友人の母親は熱烈な NLD 支持者で，USDP の選挙不正を批判していた。11月8日の投票日の午後遅くご家族に招かれて昼食をご馳走になっていた時，家に電話がかかってきた。電話に出た友人のお母さんがえらい剣幕で怒っていたので，あとでなにがあったのかを聞いた。その電話はご家族のところに住み込みで働いている村落出身のお手伝いさんを，投票のためにすぐに村に寄越してほしいという村落関係者からの依頼であったそうである。お母さんは若い娘（お手伝いさん）を夕方ひとりで村に返すのは危ないからできない，と憤っていたのである。おそらくその村落では USDP が強く，今になって票集めをしているのだと指摘した。お手伝いさんが村に戻って投票すれば，周囲のプレッシャーもあり USDP に入れざるを得ないということなのであろう。ここでも USDP が村落部で強く，NLD が都市部で強い構図が

うかがえる。

　友人の家族は中国系とカレン民族の混血である。街の郊外に中規模の精米所を所有し，コメの商売をしている。街の中心地にある自宅は大きな2階建てのコンクリート造りで，1階ではお店も開いている。この家族の精米所やお店は，1962年以降の軍事政権とそれを継いだ社会主義政権下で政府に接収されたことがある。大きなお店を政府にとられてしまったので，裏口で小さいお店を始めたこともあったという。友人の父親は婿養子なので，母方の家系が資産家であったようである。直接そうと聞いたわけではないが，お母さんのNLDへの熱烈な支持，USDP・国軍への厳しい嫌悪はこの経験に由来するのではないかとも考えた。

　すなわち，独裁国家による強制収奪，財産権侵害に対する恐れと怒りがNLD支持の背景にあるのではないか。地元の精米業者やビジネスマンが公共事業をもってくる現職の建設大臣を支持せずに，NLD候補者を支持するのも同様な理由ではないだろうか。とはいえ，軍政下で財産権を侵害されたのは，農地を接収された農民も同じである。独裁国家の怖さは農民こそ骨身にしみているはずだろう。では，なぜ村落ではUSDPが強いのか（これも証明されたわけではないが）。結局，国民の投票行動についてはまだわからないことが多い。ちなみに，友人の父親は建設大臣のゴルフ仲間で，大臣が地元に戻るたびに一緒にプレーする仲良しである。しかし，友人であるから票を入れるわけではないようだ。こうしたミャンマー人の融通無碍さも，彼らの投票行動の説明を難しくする要因である。

（工藤年博）

第3章

管区域・州議会選挙と地方制度

長田　紀之

はじめに

　2008年憲法で定められた現在の国名はミャンマー連邦共和国（Republic of the Union of Myanmar）である。この「連邦」のビルマ語である「ピーダウンズ」は，国の集まりという意味合いで，国家体制の変遷にもかかわらず1948年の独立以来一貫して国名に付されてきた。しかしながら，連邦という語のもつ地方分権的な印象とは裏腹に，その実態は長いあいだ，中央集権的なものであり続けてきたし，現在でも多分にそうである。

　たしかに，1960年代から1980年代までのビルマ式社会主義の時代やその後2011年まで続いた軍事政権時代の体制と比べれば，現行の2008年憲法では半世紀ぶりに，選挙で選ばれた議員を含む地方議会の設置が定められ，中央集権の度合いが弱められたといえる。とはいえ，依然として，政策への地域住民の意向の反映や地方政府の裁量という点で大きな制約が残されているのである。

　では，その2008年憲法下の地方行政制度とは具体的にはどのようなものであり，どのような可能性と限界を有しているのであろうか。本章では，現行制度の概観のあと，2015年総選挙における地方選挙の結果を分析し，その後の展開についても記述することで，ミャンマーの地方分権化に関する展望を得るための基礎的な情報を提示することとしたい。

第1節　地方行政制度のなかの管区域と州

1．地方行政制度の概要

図3-1に示したように，ミャンマーでは地方行政制度として，基本的には管区域・州―県―郡―町区・村落区の4層制がとられている（2008年憲法第51条。以下本章では，ことわりがない場合，カッコ内に示す条項は2008年憲法のもの）。

第1層は，管区域（Region）と州（State），そして連邦直轄地（Union Territory）である（第49条）。管区域は，一般に多数民族のビルマ民族が多く居住する地方

図3-1　地方行政制度の階層

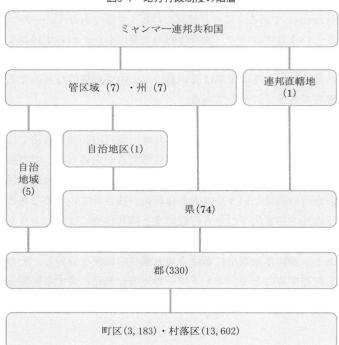

（出所）2008年憲法第51条，およびMyanmar Information Management Unit ウェブサイト（http://www.themimu.info/place-codes）より筆者作成。
（注）カッコ内は各行政区画の数。

に位置し，ザガイン，タニンダーイー，バゴー，マグウェー，マンダレー，ヤンゴン，エーヤーワディーの7つがある。州は，一般に少数民族が多く居住する地方に位置し，カチン，カヤー，カイン，チン，モン，ヤカイン，シャンの7つがある。このように民族分布に基づいて管区域と州が区別されており，また表3-1にあるように人口や面積の規模に大きな格差があるものの，憲法でこれら7つの管区域と7つの州は同格と規定されている（第9条）。後述するように，管区域と州はそれぞれの議会，政府を有しており，一定の自治権が認められている。他方，連邦直轄地は，現在のところ，首都ネーピードー周辺の1カ所のみである。ネーピードー連邦直轄地は，大統領の任命するネーピードー評議会が管轄する（第285条）。

表3-1 連邦直轄地および管区域・州の人口，面積，行政区画

管区域・州	人口（人）	面積（km²）	人口密度（人 km²）	県の数	郡の数	郡平均人口（人）	郡平均面積（km²）
ネーピードー連邦直轄地	1,160,242	7,057	164	2	8	145,030	882
ザガイン管区域	5,325,347	93,702	57	9	37	143,928	2,532
タニンダーイー管区域	1,408,401	43,345	32	3	10	140,840	4,334
バゴー管区域	4,867,373	39,404	124	4	28	173,835	1,407
マグウェー管区域	3,917,055	44,821	87	5	25	156,682	1,793
マンダレー管区域	6,165,723	30,888	200	7	28	220,204	1,103
ヤンゴン管区域	7,360,703	10,277	716	4	45	163,571	228
エーヤーワディー管区域	6,184,829	35,032	177	6	26	237,878	1,347
カチン州	1,689,441	89,042	19	4	18	93,858	4,947
カヤー州	286,627	11,732	24	2	7	40,947	1,676
カイン州	1,574,079	30,383	52	4	7	224,868	4,340
チン州	478,801	36,019	13	3	9	53,200	4,002
モン州	2,054,393	12,297	167	2	10	205,439	1,230
ヤカイン州	3,188,807	36,778	87	5	17	187,577	2,163
シャン州	5,824,432	155,801	37	14	55	105,899	2,833
全国	51,486,253	676,577	76	74	330	156,019	2,050

（出所）2014年センサスより筆者作成。公表済みのセンサスの報告書は国際連合人口基金ウェブサイト（http://countryoffice.unfpa.org/myanmar/census/）に掲載されている。
（注）カチン州，カイン州，ヤカイン州の人口は，一部地域での推定値を含む。

管区域，州，連邦直轄地は複数の県（district）から構成され，各県はさらに複数の郡（township）から構成される。全国に330ある郡は，出生登録，土地登記，徴税など多くの業務が行われる基礎的かつ重要な行政レベルであり，それ自体が下院（人民代表院）議員を選出する選挙区にもなっている。1郡当たりの平均人口と平均面積は全国で15万人強，約2000平方キロメートルであるが，かなりの地方差がある。たとえば，郡当たりの平均人口を管区域・州別でみると，エーヤーワディー管区域，カイン州，マンダレー管区域，モン州では20万人以上と大きく，他方でカヤー州とチン州では4万～5万人程度と著しく小さい（表3-1）。県や郡のレベルでは，連邦レベルの省である内務省（Ministry of Home Affairs）の総務局（General Administration Department）から派遣された官吏によって行政が担われており，選挙によって選出された住民の代表組織は存在しない[1]。
　一般的に郡は，市（town）と村落区（village-tract）からなり，市は複数の町区（ward）に，村落区はいくつかの村（village）に分けられることが多いが，行政単位としては町区と村落区が最小の単位である[2]。町区や村落区の行政については，2012年の町区・村落区行政法で住民間接選挙によってそれぞれの区長が選出されることとなった[3]。
　以上に加えて，特定の民族にある程度の自治権を認める自治地区（Self-Administered Division）と，自治地域（Self-Administered Zone）の設定が憲法で定められている。両者は同格であり，いずれも郡を基礎単位として構成されるが，前者が複数の郡からなる県の集合体であるのに対して，後者は複数の郡が直接構成するというちがいがある。現在のところ，前者はワ自治地区ひとつだけであり，後者についてはナガ，ダヌ，パオ，パラウン，コーカンの5つが存在する（第56条）。これらはそれが所在する管区域・州の一部をなすが，既存の6つのうち，ザガイン管区域にあるナガ自治地域を除いて，すべてがシャン州内に位置する。なお，各自治地区・自治地域では委員長（Chairperson）が統括する指導組織（Leading Body）に一定の立法権と執政権が与えられる（第275,276条）[4]。

2. 管区域・州の議会と政府

　では，管区域・州レベルの制度について，もう少し詳しくみてみよう。
　まず，各管区域・州は一院制の議会（Region Hluttaw, State Hluttaw）を有する。

これらの議会は以下の3種類の議員から構成される（第161条）。（イ）管区域・州内の各郡から2人ずつの民選議員，（ロ）当該管区域・州内に国家の全人口の0.1％（約5万人）以上の人口を擁する民族で，当該管区域・州の主要民族ではなく，その管区域・州内に自治地区・自治地域を有していない民族について各1人の民選議員，（ハ）民選議員数（上記（イ）と（ロ）の合計）の3分の1に当たる人数の国軍最高司令官の指名による軍人議員，の3種類である。（イ）については，実際には各郡がふたつの領域的な選挙区に分けられ，各選挙区から1人の議員を選出する単純小選挙区制がとられる。（ロ）は，地方議会に特有の制度である。当該少数民族の成員全体がひとつの選挙区をなし，その民族に関係する諸問題に取り組むための議員が選出される。以後，本章ではこれら（イ），（ロ）をそれぞれ郡選出議員，民族選出議員と呼ぶ。（ハ）については，全議員数の4分の1を軍人議員が占める点において，連邦議会の両院と同様の仕組みになっている[5]。民族選出議員の数は管区域・州によりばらつきがあるものの，各議会の全体に占める割合は小さい。したがって，議会の規模はおおむね郡選出議員の数，すなわち各管区域・州内にある郡の数で決まる。結果として，郡数の多いヤンゴン管区域，シャン州，ザガイン管区域では議員数が100人を超えるのに対し，郡数の少ないカヤー州，カイン州，チン州，タニンダーイー管区域では30人に満たなく，規模に大きな地域差が生じる（表3-1，表3-2）。

　管区域・州議会には特定の事項に関する立法権が認められており（第188条），その管轄事項は憲法付表2に列挙されている（表3-3）。しかしながら，この管轄は限定的であり，後述のように2015年7月の憲法改正によってある程度拡充されたものの，それまでは教育や保健衛生といった重要な分野がまったく含まれていなかった。また，実績からみても管区域・州議会の活動は低調であり，2013年までのサーベイによると一部の管区域・州議会ではほとんど立法がなされなかったという[6]。

　つぎに，管区域・州政府についてである。管区域・州の首長である管区域・州首相は，管区域・州議会議員のなかから大統領によって任命される（第261条）。この任命には管区域・州議会の承認が必要とされるものの，大統領の指名した首相が憲法に規定された要件を明らかに満たしていないと証明できないかぎり，管区域・州議会は大統領による首相の任命を拒否することができない。管区域・州首相のもとで管区域・州政府を構成する大臣たちは，次の4つのグループに

表3-2 管区域・州議会の議員数（2015年選挙結果を受けた構成）

管区域・州	民選議員			軍人議員	合　計
	郡選出	民族選出	計		
ザガイン	74	2	76	25	101
タニンダーイー	20	1	21	7	28
バゴー	56	1	57	19	76
マグウェー	50	1	51	17	68
マンダレー	56	1	57	19	76
ヤンゴン	90	2	92	31	123
エーヤーワディー	52	2	54	18	72
管区域合計	398	10	408	136	544
カチン	36	4	40	13	53
カヤー	14	1	15	5	20
カイン	14	3	17	6	23
チン	18	0	18	6	24
モン	20	3	23	8	31
ヤカイン	34	1	35	12	47
シャン*	96	7	103	34	137
州合計	232	19	251	84	335
全　体　合　計	630	29	659	220	879

（出所）連邦選挙管理委員会ウェブサイト（http://uecmyanmar.org/）および各種報道より筆者作成。
（注）＊シャン州には55郡あるので、本来、州議会に110人の郡選出議員がいるはずであるが、2015年選挙では7郡14選挙区で選挙が中止された。

分けられる（第262条）[7]。（イ）管区域・州首相が管区域・州議会の内外から指名する者、（ロ）国防・国境問題を担当させるために国軍最高司令官が指名する者、（ハ）自治地区・自治地域の指導組織委員長、（ニ）民族選出議員、である[8]。いずれも統領によって任命されるが、（イ）と（ロ）については管区域・州議会の承認が必要とされる。ただし、首相のときと同様、基本的に議会による拒否は難しい。管区域・州首相は大統領に対して責任を負い、管区域・州政府の大臣たちもまた当該の管区域・州首相を通じて大統領に対して責任を負う。また、USDP政権期には、首相と各管区域・州で通常8人が選ばれる（イ）の大臣のほとんどは管区域・州議会議員であり、連邦レベルの大統領・大臣と異なって就

表3-3　管区域・州議会立法管轄事項（2008年憲法付表2）

従来の事項	2015年憲法改正法による追加事項
1．財政・計画分野 ⑴　管区域・州予算 ⑵　管区域・州基金 ⑶　土地税 ⑷　物品税（薬物及び向精神薬を除く） ⑸　建物税・土地税，水税，街灯税及び車輪税といった開発事業に関わる税 ⑹　管区域・州の公益事業 ⑺　売却，賃貸及び他の方法による管区域・州所有資産の処分 ⑻　管区域・州基金の国内向け貸付 ⑼　管区域・州基金による国内向け投資 ⑽　地域計画 ⑾　小規模の貸付業	⑿　連邦の定めた法律に従い，管区域・州内で行われる投資 ⒀　連邦が定めた法律に従い，管区域・州が実施権を有する保険事業 ⒁　連邦が定めた法律に従い，管区域・州が課税できる所得税 ⒂　連邦が定めた法律に従い，管区域・州が課税できる商業税 ⒃　連邦が定めた法律に従い，管区域・州が実施権を有する国内外からの借金 ⒄　連邦が定めた法律に従い，管区域・州内で行われる物資獲得 ⒅　連邦が定めた法律に従い，管区域・州内で行われる外国からの資金協力・支援の獲得
2．経済分野 ⑴　連邦が定めた法律に従い，管区域・州で行われる経済活動 ⑵　連邦が定めた法律に従い，管区域・州で行われる貿易活動 ⑶　連邦が定めた法律に従い，管区域・州で行われる協同組合活動	⑷　連邦の定めた法律に従い，管区域・州が実施権を有するホテル・民宿事業 ⑸　連邦の定めた法律に従い，管区域・州が実施権を有する観光事業
3．農業・畜産分野 ⑴　農業 ⑵　害虫などによる病気の予防・統制 ⑶　効率的な化学肥料の利用及び有機肥料の生産と利用 ⑷　農業貸付金及び貯金 ⑸　管区域・州が管理する権利を有するダム，堤防，湖，水路，灌漑給水施設 ⑹　淡水漁業 ⑺　連邦が定めた法律に基づく体系的な家畜の飼育	⑻　連邦の定めた法律に従い，管区域・州が実施権を有する空き地，休耕地，荒蕪地の摘発 ⑼　連邦の定めた法律に従い，管区域・州が実施権を有する登記 ⑽　連邦の定めた法律に従い，管区域・州が実施権を有する農業研究 ⑾　連邦の定めた法律に従い，管区域・州が実施権を有する沿海漁業 ⑿　連邦の定めた法律に従い，管区域・州が実施権を有する農業・気象観測事業
4．エネルギー，電気，工業及び林業分野 ⑴　国有配電網を用いることなく，管区域・州の監督下で行われる中小規模の発電・配電事業（連邦の監督下で行われる大規模な発電・配電事業を除く） ⑵　食塩及び塩製品 ⑶　管区域・州における宝石の切断及び研磨 ⑷　各村における薪の生産所 ⑸　休養施設，動物園，植物園	⑹　連邦の定めた法律に従い，管区域・州が実施権を有する自力採掘した天然資源の割合設定 ⑺　連邦の定めた法律に従い，管区域・州が実施権を有する小規模・零細鉱業 ⑻　連邦の定めた法律に従い，管区域・州が実施権を有する鉱山労働者の危険防止，自然環境の保全・回復事業 ⑼　連邦の定めた法律に従い，管区域・州内で行われる小規模・零細宝石採掘業 ⑽　連邦の定めた法律に従い，管区域・州内で取り扱われる木材（チークと第1種木材のパラウ，サラジュ，ビルマテツボク，ビルマカリン，ティンガンネッ，ユリノキを除く） ⑾　連邦の定めた法律に従い，管区域・州内で管理する野生動物，野生植物，自然地形などの環境保全

表3-3 管区域・州議会立法管轄事項（2008年憲法付表2）続き

従来の事項	2015年憲法改正法による追加事項
5．工業分野 (1) 連邦レベルで行われると規定されている工業を除く他の工業 (2) 家内手工業	(3) 連邦の定めた法律に従い，管区域・州内で行われる工業地区
6．運輸，通信及び建設分野 (1) 管区域・州が管理する港，防波堤及び桟橋 (2) 管区域・州が管理する道路及び橋 (3) 管区域・州における私有車の交通	(4) 連邦の定めた法律に従い，管区域・州内で行われる水路の改修 (5) 連邦の定めた法律に従い，管区域・州内で行われる水源・河川開発 (6) 連邦の定めた法律に従い，管区域・州政府が実施権を有するボート・小型船舶の建造と修理 (7) 連邦の定めた法律に従い，管区域・州内で行われる空輸 (8) 連邦の定めた法律に従い，管区域・州内で取り扱われる住宅及び建築物
7．社会分野 (1) 連邦が規定する伝統的医療政策に反しない伝統医療関連事項 (2) 管区域・州における社会福祉事業 (3) 火災及び天災の事前防止 (4) 港湾荷役作業 (5) 管区域・州が管理する権利を有する以下の事項 　（イ）文化遺産の保護 　（ロ）博物館及び図書館 (6) 劇場，映画館及びビデオ上映会 (7) 写真，絵画，彫刻等の展覧会	(8) 連邦の定めた法律に従い，管区域・州内で行われる小学校等の諸計画 (9) 連邦の定めた法律に従い，管区域・州内で取り扱われる慈善病院・診療所及び私立病院・診療所 (10) 連邦の定めた法律に従い，管区域・州内で行われる食料，医薬品，化粧品等の偽装販売防止 (11) 連邦の定めた法律に従い，管区域・州内で行われる子ども，若者，女性，障害者，老人，身寄りのない者の保護 (12) 連邦の定めた法律に従い，管区域・州内で行われる救済・再定住関係事業 (13) 連邦の定めた法律に従い，管区域・州内で行われる文学，芸能，音楽，伝統工芸，映画，ビデオなどの事業
8．一般行政分野 (1) 開発事項 (2) 町村及び住宅の開発 (3) 賞状・勲章	(4) 連邦の定めた法律に従い，管区域・州内で行われる酒・麻薬の管理権に関する諸事項 (5) 連邦の定めた法律に従い，管区域・州内で行われる国境地域開発及び農村開発事業

（出所）　2008年憲法および2015年憲法改正法（同年法律第45号）より筆者作成。

任とともに議員の職を辞する必要がないため，とくに議会の規模が小さい管区域・州では議員の相当部分を首相と大臣が占めることになった。このように，管区域・州における議会と政府の関係では，政府とくに首相の立場が強く，管区域・州政府が地元の有権者よりも中央の方を向きやすい制度設計となっている。

さらに，行政機構における中央―地方関係が地方分権化の大きな制約となっている。まず，連邦政府の直轄事項と管区域・州政府の管轄事項とが憲法に規定されている（憲法付表1，2）が，実態としてその区別には曖昧なところがある。さらに，付表2の事項に関連する各部局はいずれかの管区域・州大臣に割り振られるものの，同時にそれぞれが関連する連邦レベルの省の下位にも位置づけられており，指示系統が不明確である。とはいえ，概して官僚人事や予算配分の面で中央の統制が強く効いており，管区域・州政府は独自の官僚機構を有していないといえる状態にある。代わりに管区域・州レベルでの政府や議会の通常業務や連邦レベルとの連絡調整を専ら担うのが内務省総務局の官僚であって，彼らを統括する内務大臣は国軍最高司令官の指名する現役軍人であるため，連邦レベルでの政府や議会による地方分権化の試みも浸透しづらくなっている[9]。

すなわち，現行制度において民選議員を含む管区域・州議会が設けられてはいるものの，目下のところ，その地方分権化に果たす役割は非常に限られたものである。しかしながら，中央と地方の両レベルにおいてさらなる地方分権化に向けた動きもなされてきてはいる。テインセイン政権下で，各管区域・州の大臣や議員たちが地方分権化の必要性を訴えるようになった一方，テインセイン大統領自身，2013年8月の演説で管区域・州議会にさらなる権力を委譲するべきであると述べた[10]。こうした動きの結果として，2015年7月に憲法改正法が成立し，憲法付表2に記載される管区域・州議会および政府の立法・行政管轄事項と徴税可能事項が拡充された[11]。この改正で，従来はまったく含まれていなかった教育や医療衛生分野について，小学校や一部の病院の設立などが連邦レベルの法律に基づいて管区域・州の管轄下におかれることになり，観光や工業団地などについても地方政府の裁量が増す可能性が生まれた（表3-3）。実際に，同年12月には連邦議会で外国投資法および内国投資法が改正され，ミャンマー投資委員会の投資認可権限が管区域・州政府に一部委譲されることとなった。今後，地方ごとに特色のあるきめ細かい開発事業が展開され，それが管区域・州政府の財源を潤していくための道が開かれた。

第2節　2015年管区域・州議会選挙の結果

1．有権者数，選挙区，立候補者

　2015年11月の総選挙では，連邦議会両院の選挙と同時に，管区域・州議会の民選議員を選ぶ地方選挙も同時に行われた。前述のとおり，管区域・州議会の民選議員には郡選出議員と民族選出議員があり，後者を選出する民族の成員は地方選挙で2票を投ずることになる。地方選挙の有権者数は，郡選出議員の選挙については3354万人であり，連邦議会両院のそれよりも約75万人少なかった。これは連邦直轄地のネーピードーでは連邦議会選挙のみが行われ，地方議会選挙は行われなかったためである。民族選出議員の選挙の有権者数は448万人であった。各選挙の投票率は69.67％と66.97％，有効投票率は95.28％と94.60％であった(12)。
　郡選出議員の選挙では，全国330郡のうちネーピードー連邦直轄地8郡を除いた郡が2分割されて644区の領域的選挙区が設けられた。しかし，少数民族武装組織との内戦の影響で，「自由で公正な選挙を行える状況にない」シャン州の7郡とその他全国約450カ村での選挙が中止されたため，最終的に選挙が実施されたのは630区であった（前掲表3-2）(13)。民族選挙区の数については，管区域・州ごとに0区から7区とばらつきがあり，全国で29区が設定された(14)。これらの計659区が88政党からの3419人の立候補者によって争われた（郡選挙区3258人，民族選挙区161人）(15)。立候補者の男女内訳は男性2975人（87％），女性444人（13％）で圧倒的に男性が多かった。

2．選挙結果と議会の構成

　地方選挙の結果は全体としてみると，本書第2章で示した連邦議会選挙の結果とほぼ同様の傾向を示した。地方選挙全体でみたときの結果概要は表3-4のとおりである(16)。国民民主連盟（National League for Democracy: NLD）は，全民選議員議席の4分の3強（75.27％）の496議席を獲得して圧勝し，その得票率は55.81％であった(17)。与党の連邦団結発展党（Union Solidarity and Development

表3-4 管区域・州選挙結果の概要

政党	立候補者数	獲得議席数	獲得議席割合(%)	得票率(%)
NLD	644	496	75.27	55.81
USDP	642	76	11.53	28.10
少数民族 54政党	863	84	12.75	10.13
その他 32政党	1,093	1	0.15	4.97
無所属	177	2	0.30	0.99
全体	3,419	659	100.00	100.00

(出所) 選挙管理委員会発表などより筆者作成。
(注) 議席を獲得した少数民族政党は18政党で，議席の内訳は以下のとおり。シャン民族民主連盟25，ヤカイン民族党23，タアン（パラウン）民族党7，パオ民族機構6，リス民族発展党3，カチン州民主党3，タイレン（シャンニー）民族発展党2，モン民族党2，ラフ民族発展党2，ゾミ民主連盟2，ワ民主党2，カイン人民党1，シャン民族民主党1，全モン地域民主党1，ワ民族統一党1，コーカン民主統一党1，アカ民族発展党1，カチン州統一民主党1。その他の政党で1議席を獲得したのは民主党（ミャンマー）。

Party: USDP）の獲得議席数，獲得議席割合，得票数はそれぞれ76議席，11.53%，28.10%であった。また，管区域・州議会選挙には54の少数民族政党が参加し，うち18政党が84議席を獲得した。議席を獲得した少数民族政党の数は連邦議会選挙の10政党の2倍近くであり，多様な議席配分となった。このほかに民主党（ミャンマー）が1議席，無所属候補が2議席を獲得した。なお，当選者の男女構成は，男性575人（87%），女性84人（13%）と立候補者の男女比とほぼ同じであり，年齢では，最年少が25歳，最高齢が73歳で平均年齢は49歳であった。

表3-5は管区域・州議会選挙での，管区域・州別のNLDとUSDPの得票率を比較したものである。7つの管区域では，NLDとUSDPの一騎打ちの様相が強く，7つの州ではこれら2大全国政党の合計得票率が相対的に低い。こうした全般的傾向のみならず，個別の管区域・州をみても，管区域・州議会選挙の結果は，連邦議会では議席を獲得しなかった少数民族政党がいくつかの州議会において議席を獲得した点を除いて，本書第2章および伊野（2016）で詳述された連邦議会選挙の結果と似通ったものである。したがって，ここでは選挙の結果を受けて構成された管区域・州議会の構成に簡単にふれるにとどめたい（後掲図3-2，図3-3）。

まず，7管区域およびカヤー州，カイン州，モン州ではNLDが選挙で民選議席数の3分の2超を獲得する圧勝をみせた。そのため，NLDが軍人議員を含む

表3-5 管区域・州議会選挙でのNLDとUSDPの得票率比較

(単位:%)

管区域	NLD	USDP	州	NLD	USDP
ザガイン	66.16	24.10	カチン	44.57	25.96
タニンダーイー	69.69	23.21	カヤー	45.59	29.06
バゴー	60.94	28.48	カイン	41.86	26.78
マグウェー	66.11	27.12	チン	36.37	23.73
マンダレー	61.68	30.95	モン	51.02	28.58
ヤンゴン	69.63	22.35	ヤカイン	15.82	23.20
エーヤーワディー	54.03	35.48	シャン	30.17	30.14
管区域全体	62.91	28.24	州全体	35.34	27.70

(出所) 選挙管理委員会発表より筆者作成。

管区域・州議会全議席の過半数を単独で占めることとなり，軍人議員が議会内の第2勢力をなすという構成になった。各議会の構成は以下のとおり。

- ザガイン管区域議会（全101議席）
 NLD：69議席（68.32%），軍人議員：25議席（24.75%），USDP：5議席（4.95%），タイレン（シャンニー）民族発展党：2議席（1.98%）
- タニンダーイー管区域議会（全28議席）
 NLD：21議席（75.00%），軍人議員：7議席（25.00%）
- バゴー管区域議会（全76議席）
 NLD：55議席（72.37%），軍人議員：19議席（25.00%），USDP：2議席（2.63%）
- マグウェー管区域議会（全68議席）
 NLD：51議席（75.00%），軍人議員：17議席（25.00%）
- マンダレー管区域議会（全76議席）
 NLD：48議席（63.16%），軍人議員：19議席（25.00%），USDP：8議席（10.53%），民主党（ミャンマー）：1議席（1.32%）
- ヤンゴン管区域（全123議席）
 NLD：88議席（71.54%），軍人議員：31議席（25.20%），USDP：3議席（2.44%），ヤカイン民族党（Arakan National Party: ANP）：1議席（0.81%）
- エーヤーワディー管区域議会（全72議席）
 NLD：51議席（70.83%），軍人議員：18議席（25.00%），USDP：3議席（4.17%）

- カヤー州議会（全20議席）
  NLD：11議席（55.00％），軍人議員：5議席（25.00％），USDP：4議席（20.00％）
- カイン州議会（全23議席）
  NLD：13議席（56.52％），軍人議員：6議席（26.09％），USDP：3議席（13.04％），カイン人民党：1議席（4.35％）
- モン州議会（全31議席）
  NLD：19議席（61.29％），軍人議員：8議席（25.81％），モン民族党：2議席（6.45％），USDP：1議席（3.23％），全モン地域民主党：1議席（3.23％）

カチン，チンの2州ではNLDが第1党ではあるものの，獲得議席は過半数にわずかに届かなかった。NLDは議会運営の際に，少数民族政党からの協力を必要とすることになる。

- カチン州議会（全53議席）
  NLD：26議席（49.06％），軍人議員：13議席（24.53％），USDP：7議席（13.21％），カチン州民主党：3議席（5.66％），リス民族発展党：2議席（3.77％），カチン州統一民主党：1議席（1.89％），シャン民族民主連盟（Shan Nationalities League for Democracy: SNLD）：1議席（1.89％）
- チン州議会（全24議席）
  NLD：12議席（50.00％），軍人議員：6議席（25.00％），USDP：4議席（16.67％），ゾミ民主連盟：2議席（8.33％）

連邦議会選挙の結果と同様，ヤカイン州とシャン州の州議会選挙結果はNLDが多数派を形成しなかったという点で際立ったものであった。ヤカイン州議会では，地元の少数民族政党であるANPが第1党となったものの単独過半数には届かなかった。シャン州議会では，軍人議員が最多となったが，USDP，SNLD，NLDを含めた4つの勢力が拮抗する状態がみられ，タアン（パラウン）民族党とパオ民族機構が各自治地域内の選挙区を中心として5％程度の議席を獲得した。

- ヤカイン州議会（全47議席）
  ANP：23議席[18]（48.94％），軍人議員：12議席（25.53％），NLD：9議席

図3-2 管区域議会の構成（2016年2月26日時点）

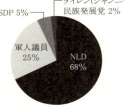

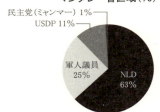

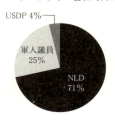

（出所）　選挙管理委員会発表より筆者作成。
（注）　カッコ内数値は各議会の全議席数。

第 3 章　管区域・州議会選挙と地方制度

図3-3　州議会の構成（2016年2月26日時点）

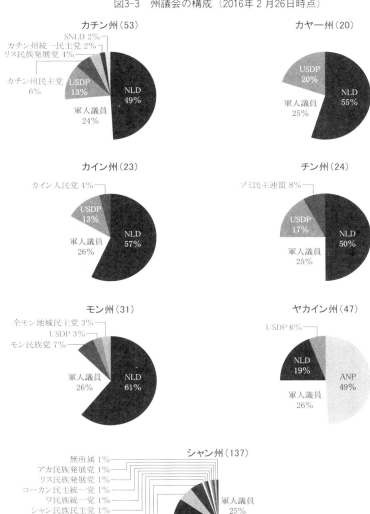

（出所）　図3-2に同じ。
（注）　図3-2に同じ。

(19.15%)，USDP：3 議席（6.38%）
- シャン州議会（全137議席）
 軍人議員：34議席（24.82%），USDP：33議席（24.09%），SNLD：24議席（17.52%），NLD：23議席（16.79%），タアン（パラウン）民族党：7議席（5.11%），パオ民族機構：6議席（4.38%），ラフ民族発展党：2議席（1.46%），ワ民主党：2議席（1.46%），シャン民族民主党：1議席（0.73%），ワ民族統一党：1議席（0.73%），コーカン民主統一党：1議席（0.73%），リス民族発展党：1議席（0.73%），アカ民族発展党：1議席（0.73%），無所属：1議席（0.73%）

3．管区域・州選挙における民族

　本節の最後に，今回の管区域・州選挙の事例を通じて，選挙に民族がもつ意味について，若干の検討をしてみよう。第1節でみたように，現行の地方制度では，自治地区・自治地域の設定や管区域・州選挙における民族選挙区の設定など，少数民族に対する一定の配慮がなされている。とくに後者は，郡を基準とした小選挙区制では議席を獲得するのが困難な民族集団に対して，管区域・州議会の議席のみならず，管区域・州政府の大臣ポストを用意するアファーマティブ・アクションとして機能しているといえる。この民族選挙区設定の条件として，管区域・州内の当該民族人口が全国人口の0.1%（つまり5万人強）以上であることとあるために，選挙前から民族人口の数え方が争点として浮上した。おりしも，2014年4月にはミャンマーで約30年ぶりとなるセンサスが実施され，民族もその項目に含まれていたが，宗教の項目とともにその集計値は未発表のままであった（執筆時現在未発表）。こうした状況を受けて，一部の少数民族系の社会組織が自ら統計調査を実施し，自民族の人口が上記の要件を満たすことを証明しようとした[19]。しかし，結局，これらの動きが新たな民族選挙区の設定をもたらしはせず，2015年選挙では2010年選挙の民族選挙区割りが踏襲されることとなった。今後，センサス民族統計の発表やその内容が，次回以降の総選挙での民族選挙区割りをめぐって問題化することは免れないであろう。

　ともあれ，上述のとおり，今回の選挙ではヤカイン州とシャン州を除いて，少数民族政党はあまり振るわなかった。その理由としては，少数民族地域においてもアウンサンスーチーの絶大なカリスマのもとでNLDに票が流れたこと，

第3章　管区域・州議会選挙と地方制度

表3-6　立候補者・当選者に占めるビルマ族の割合

(単位:%)

	立候補者に占める ビルマ民族の割合	当選者に占める ビルマ民族の割合	当選者に占める NLDとUSDPの割合	NLDとUSDPの 当選者に占める 非ビルマ民族の割合
7管区域	83.82	88.73	99.02	10.40
カチン	12.93	22.50	82.50	72.73
カヤー	17.92	26.67	100.00	73.33
カイン	24.81	29.41	94.12	68.75
チン	0.00	0.00	88.89	100.00
モン	41.73	43.48	86.96	50.00
ヤカイン	1.97	5.71	34.29	83.33
シャン	12.76	14.56	54.37	73.21
7州	14.62	17.93	66.93	73.21
全　国	53.64	61.76	86.80	28.85

(出所)　Open Myanmar Initiative作成の候補者データベースより筆者作成。
(注)　ビルマ族とは，自らの帰属する民族を「バマー」，「ミャンマー」，「バマー/ミャンマー」と申告した者である。

同一民族の名前を掲げる複数の政党が票を食い合ったことなどが考えられるが，もう一点，NLDとUSDPの2大全国政党が地方の選挙区において，少数民族出身の立候補者を擁立したことも重要ではなかったかと思われる。表3-6は管区域・州議会選挙について，立候補者・当選者それぞれに占めるビルマ民族の割合と，当選者全体に占めるNLDとUSDPの当選者合計の割合，NLDとUSDPの当選者に占める非ビルマ民族の割合とを比較したものである。これによると，7つの管区域では，立候補者と当選者の8割以上がビルマ民族であり，議席のほぼすべてを2大政党が獲得した。他方，モン州を除くすべての州で，立候補者と当選者のうちビルマ民族は3割に満たず，とくにチン州では皆無である。にもかかわらず，政党でみると，シャン州とヤカイン州を除く諸州では2大政党の獲得議席割合が8割以上となっている。NLDとUSDPの当選者に占める非ビルマ民族の割合からは，少数民族の多く居住する7つの州では，2大政党が少数民族出身者を擁立することで議席を獲得したことが確認される。

第3節　新政権下における地方分権化の行方

　2015年11月の総選挙の結果は，今後のミャンマーの地方分権化の流れにどのような影響を及ぼし得るだろうか。現在の段階でそれを見通すことは困難ではあるが，選挙後数カ月間の経過から問題の所在を指摘しておこう。

　2016年2月初旬，中央で第2期連邦議会が招集されたのとほぼ同時に，各管区域・州でも新たな議会が召集された。ここでまず選出された28人の管区域・州議会正副議長は表3-7のとおりである。各議会の構成を反映して，ヤカイン州ではANPの，シャン州ではUSDPの議員が正副議長に就任し，その他の管区域・州議会の正副議長はすべてNLDの議員から選出された。議長の平均年齢は63歳で，30代3人を含む副議長の平均年齢は50歳であった。28人中，女性は2人（7％）のみであり，地方議会の当選者全体での比率よりも低かった。民族帰属では，管区域議会の正副議長14人は全員ビルマ民族であった。州議会の正副議長14人のうちビルマ民族は3人だけであり，その他は少数民族であったが，必ずしも当該州の主要民族が就任したわけではない。前職としては，実業に携わっていた者が10人と最多であり，弁護士7人，教育関係者5人，政治家・政党関係者4人という構成である。なお，政治家・政党関係者4人のうちの2人が再選議員であり，その1人であるシャン州のサッアウンミャッ副議長は前シャン州首相である[20]。

　その後，3月15日に連邦議会でティンチョー新大統領が選出されると，管区域・州首相の人事が微妙な問題として浮上してきた[21]。大統領はじめNLDがこれらのポストにNLD議員を配する意向であったのに対して，NLDが圧倒的な多数派を形成していなかったいくつかの州議会で少数民族政党などの地元勢力による反発が強まったためである。管区域・州議会が選出する正副議長の顔ぶれが，当然，各議会の意向を反映したものであったのに対して，本章第1節で述べたように管区域・州首相の任命権は大統領に握られており，各地方議会はその決定に対する拒否権をもたないに等しかった。結果的に14人すべての管区域・州首相にNLD議員が任命され，NLD政権はその船出と同時に少数民族政党とのあいだに将来への禍根を残すこととなった。

　しかしながら，こうしたNLD新政権の行為が地方分権化の流れを押し戻すも

第3章 管区域・州議会選挙と地方制度

表3-7 管区域・州議会の正副議長

管区域・州	正副	名前	政党	性別	年齢	職業	学歴	民族	宗教
サガイン管区域	議長	タン	NLD	男	62	実業	大卒	ビルマ	仏教
	副議長	ボーミョーニュン	NLD	男	61	弁護士	大卒	ビルマ	仏教
タニンダーイー管区域	議長	キンマウンエー	NLD	男	59	実業	大卒	ビルマ	仏教
	副議長	チーソー	NLD	男	44	弁護士	大卒	ビルマ	仏教
バゴー管区域	議長	キンマウンイン	NLD	男	68	実業	大卒	ビルマ	仏教
	副議長	チースーイン	NLD	男	53	弁護士	大卒	ビルマ	仏教
マグウェー管区域	議長	ター	NLD	男	67	実業	大卒	ビルマ	仏教
	副議長	ゾーミョーウィン	NLD	男	37	実業	大卒	ビルマ	仏教
マンダレー管区域	議長	アウンチョーウー	NLD	男	59	弁護士	大卒	ビルマ	仏教
	副議長	キンマウンテー	NLD	男	63	医師	大卒	ビルマ	仏教
ヤンゴン管区域	議長	ティンマウントゥン	NLD	男	64	教育	大卒	ビルマ	仏教
	副議長	リンナインミン	NLD	男	42	弁護士	大卒	ビルマ	仏教
エーヤーワディー管区域	議長	アウンチョーカイン	NLD	男	56	実業	大卒	ビルマ	仏教
	副議長	ナンミンアウン	NLD	男	35	弁護士	大卒	ビルマ	仏教
カチン州	議長	トゥンティン	NLD	男	71	その他	大学院以上	ビルマ	キリスト教
	副議長	ディンカンポウン@カンリン	NLD	男	50	政治家・政党関係	大学院以上	ラワン	仏教
カヤー州	議長	フラトェー	NLD	男	52	教育	大卒	ビルマ	仏教
	副議長	ティンイ	NLD	男	61	教育	大卒	モン	仏教
カイン州	議長	ソーチッキン	NLD	男	60	教育	大卒	カイン	仏教
	副議長	ナンドゥーザーウィン	NLD	女	34	弁護士	大卒	シャン	仏教
チン州	議長	ソーイエー	NLD	男	57	政治家・政党関係（NLDチン州議長、NLD中央執行委員）	大卒	チン	キリスト教
	副議長	アウンタン	NLD	男	52	実業	大学院以上	チン	仏教
モン州	議長	ティンイ	NLD	女	70	弁護士	大卒	華人・モン	仏教
	副議長	ミンチョンウー	NLD	男	45	実業	大卒	ビルマ	仏教
ヤカイン州	議長	サンチョーフラ	ANP	男	62	実業	大卒	ヤカイン	仏教
	副議長	ポーミン@ボーミン	ANP	男	67	政治家・政党関係（ヤカイン州議会議長）	大卒	ヤカイン	仏教
シャン州	議長	サインロウンサイン	USDP	男	68	実業	大卒	シャン	仏教
	副議長	サップアウンミャッ@アウンミャッ	USDP	男	52	政治家・政党関係（前シャン州首相）	大卒	ダヌ	仏教

（出所）Open Myanmar Initiative作成の候補者データベースと各種報道を基に筆者作成。
（注）年齢は2016年4月1日現在。

のかどうかの判断は時期尚早である。中央とのパイプを有するNLDの管区域・州首相が地元の声に耳を傾けることで，よりスムースに地方分権化が進展する可能性もある。NLDは党の基本的な目標として「民主主義フェデラル連邦制」の設立に向けた取り組みを挙げている。この英語の「フェデラル」はビルマ語では音をそのままとって「ペッダレー」となる。この語彙はこれまで，従来の中央集権的な体制から脱却した「真の連邦制」という意味合いが込められて，さまざまな政治勢力によって使われてきた[22]。NLDがめざす「真の連邦制」とはいかなるものであり得るのか，これからの新政権の取り組みがその輪郭を明らかにしてゆくことになるだろう。

おわりに

　2008年憲法下の地方制度は，管区域・州のレベルに一部が選挙で選ばれた議会を導入した点で画期的ではあったものの，依然として中央集権的な色彩の濃いものである。2015年総選挙で選ばれた各管区域・州の議会は，最初からそのような制約のもとにおかれたものとして発足した。NLD新政権は憲法規定にのっとって，議会内の多数派を形成できなかった地域も含むすべての管区域・州の首相ポストにNLD議員を据えた。ただし，同じようにトップダウンで任命されたとはいえ，従来のUSDP政権下での管区域・州首相に現役・退役の軍人が多かったことを考えると，NLD政権下では軍隊経験者の首相は皆無であり，その一点をとっても大きなちがいが生まれると考えられる。管区域・州レベルでの政府と議会および政府と官僚機構との関係，連邦レベルの政府・議会と管区域・州レベルの政府・議会との関係が今後，どのように変化を遂げてゆくのか，ミャンマーの地方分権化の行方が注目される。

【注】
(1) Nixon et al.（2013, 9）．
(2) ヤンゴンやマンダレー，ネーピードーといった大都市の場合，特別な制度のもとで，複数の町区が直接的に郡を形成することがある。たとえば，ヤンゴン管区域の4県のうち，都市圏を構成する33郡がヤンゴン市開発委員会（Yangon City Development Committee）の管轄下におかれているが，これらの郡の多くは町区が直接構成している。

⑶　髙橋（2012, 52-53）。
⑷　指導組織は10人以上で構成され，その成員は，（イ）当該自治地区・自治地域内の各郡選出の管区域・州議会議員（後述），（ロ）国軍最高司令官の指名する軍人，および（ハ）上記の（イ）と（ロ）が選出したその他の代表である。委員長は（イ）と（ロ）が協議して（イ）のなかから選出する。
⑸　ただし，連邦議会の両院に関する憲法規定おいては，民選議員と軍人議員それぞれの議員定数が具体的に明記されている（第109条，第141条）のに対して，管区域・州議会に関する規定では軍人議員の数が選出された民選議員数との割合で決められている（第161条）。このため管区域・州議会においては，表3-2のとおり，厳密には民選議員数の3分の1を四捨五入した数が軍人議員の定数とされており，全議員の4分の1を超えたり，それに満たなかったりする場合が生じる。この問題については伊野（2016, 103）も参照のこと。
⑹　Holliday et al.（2015, 655）。
⑺　管区域・州法務長官（Advocate-General）も以下の大臣たちとともに管区域・州政府を構成する（第266条）。なお，司法機関としては各管区域・州に高等裁判所（High Court）が設置される（第305条）。
⑻　管区域・州政府の行政権の及ぶ事項は，管区域・州議会が立法権を有する事項と等しい（第249条）。USDP政権期には，（イ）の大臣ポストは憲法付表2の管轄事項の区分とおおむね対応しており，財務大臣，計画・経済大臣，農業・畜産大臣，森林・エネルギー大臣，開発問題大臣，社会問題大臣，運輸大臣，電気・工業大臣の8つが一般的であった（しかし，NLD政権になってから，管区域・州政府の（イ）の大臣ポストの数は5〜6つに減った）。これら（イ）の大臣に加えて現役軍人が就任する（ロ）の国防・国境大臣を含めた9つのポストがどの管区域・州でも設置される。さらに，当該の管区域・州内に（ハ）や（ニ）がいる場合は，部局をもたず，それぞれの少数民族関連事項を取り扱う大臣ポストが設置される。ただし，（ニ）が管区域・州政府の閣議に出席することが一般的であるのに対して，（ハ）については，ほとんどの自治地区・自治地域を含むシャン州において州政府の閣議に定期的に出席している指導組織委員長は少ないという（UNDP 2015, 27）。
⑼　管区域・州レベルの行政機構と地方分権化の直面している困難について，詳しくはNixon et al.（2013, 25-49）を参照のこと。
⑽　Holliday et al.（2015, 662）。
⑾　これはテインセイン政権下でなされた唯一の憲法改正であった。国民民主連盟（NLD）などによる憲法改正運動は正副大統領の要件や憲法改正の条件の緩和などを主要な争点として展開してきたが，与党連邦団結発展党（USDP）主導の法案作成や評決の際の軍人議員の反対によって頓挫した。この間の経緯については差し当たり長田（2015, 489-490；2016, 445-446）を参照のこと。
⑿　ザガイン管区域ミィンムー郡第1区では，NLDの立候補者が投票日2日前に急死したが，多くの有権者が彼に投票したため約2万2000票の死票が生まれたという（*Saung Kyi Thatin Jounrnal*, Facebook site, 10 November 2015, https://www.facebook.com/NewsWatchJournal/）。結果，この選挙区ではUSDPの立候補者が7000票弱の得票で当選した。

⒀　選挙管理委員会2015年通知第61号（10月12日）および第67号（同27日）。
⒁　各管区域・州での民族選挙区は以下のとおり。エーヤーワディー管区域2区（カイン，ヤカイン），バゴー管区域1区（カイン），チン州0区，カチン州4区（ビルマ，シャン，ラワン，リス），カヤー州1区（ビルマ），カイン州3区（モン，パオ，ビルマ），マグウェー管区域1区（チン），マンダレー管区域1区（シャン），モン州3区（ビルマ，パオ，カイン），ヤカイン州1区（チン），ザガイン管区域2区（チン，シャン），シャン州7区（ビルマ，アカ，カチン，リス，ラフ，イン，カヤン），タニンダーイー管区域1区（カイン），ヤンゴン管区域2区（カイン，ヤカイン）。
⒂　この数字は前述の選挙2日前に急死した立候補者1人を含まない。また，選挙管理委員会に登録してある91政党のうち3政党は地方選挙に立候補者を出さなかった。
⒃　以下，本章での管区域・州選挙結果は，伊野（2016，113）掲載の表と若干数値にちがいがある（本章でシャン民族民主党が獲得したとする議席が，伊野（2016）ではNLDにあてられている）。これは選挙直後に政府系新聞で発表された選挙結果に一部混乱があったことによると思われる。本章の数値は，筆者の集計値を，選挙管理委員会が2015年12月16日付けで発表した政党別議員統計（http://www.uecmyanmar.org/index.php/2014-02-11-08-31-43/891-16-12-2015-candidatelistbyparty）で確認したものである。
⒄　ただし，連邦議会選挙の結果と比較すると，これらの数値は若干低かった。NLDの上院選挙での獲得議席割合と得票率はそれぞれ80.36％，57.68％，下院選挙では78.95％，57.20％であった。この差は，ネーピードー連邦直轄地において地方選が行われなかったことで，ある程度は説明されると思われる。ネーピードー連邦直轄地ではNLDが下院選挙の8選挙区中7区で勝利したためである。他方で，与党のUSDPは連邦議会選挙よりも獲得議席割合が高かったが，得票率では大差なかった。全国的にみた場合の地方選挙での政党別得票率には，7州でのNLDと少数民族政党との競合関係（第2章参照）がより強く反映されたと考えられる。
⒅　ヤカイン州シットェー郡第2区のチョーゾーウー候補は無所属候補として出馬して当選した（表3-4の無所属当選者2人のうちの1人）。同氏はもともとANPの幹事長であったが，同選挙区からの立候補者選定をめぐる党内の議論の結果，党中央が公認候補を出さない決定を下したため，無所属での出馬となった（*Myanmar Times* ウェブサイト　http://www.mmtimes.com/index.php/national-news/17332-in-sittwe-an-independent-candidate-in-name-only　2015年11月3日）。しかし，同氏は選挙後に復党し，ANPの議員として認められた（選挙管理委員会通知2016年第6号，2016年2月26日付け）ため，ここではANPの議員のうちに含めて数えた。
⒆　たとえば，タニンダーイー管区域でのモン族の事例として，以下を参照（*Myanmar Times* ウェブサイト　http://www.mmtimes.com/index.php/national-news/13042-mon-push-for-regional-minister-in-tanintharyi-government.html　2015年2月9日）。この記事は和田理寛氏のご教示による。
⒇　ちなみに今回の管区域・州議会選挙では，各地方政府の14人の現職首相*のうち，12人が自ら首相を務める地域の地方議会選挙に出馬し（2015年7月にUSDPから除籍されていたカ

ヤー州大臣ひとりを除き全員 USDP からの出馬），カチン州のラグンガンサイン氏，バゴー管区域のニャンウィン氏，ヤカイン州のマウンマウンオウン氏，シャン州のサッアウンミャッ氏の現職首相 4 人が当選した。残るふたりのうち，ゾーミン・カイン州首相は USDP から下院選挙のバゴー管区域カワ郡選挙区に出馬して落選した。もうひとりのミンスェ・ヤンゴン管区域首相は健康上の理由を挙げて出馬を見送ったが，後日，新政権の副大統領に就任した（第 4 章参照）。(*マウンマウンオウン・ヤカイン州首相とゾーミン・カイン州首相は現役軍人として州首相に任命されていたが，選挙前の 2015 年 8 月末に首相職を辞任し，いちど軍務へ復帰したのちに軍籍を離脱し，11 月の選挙に USDP 候補として出馬したという経緯がある。そのため，厳密には選挙時点で首相職についていなかったが，ここではこのふたりをそれぞれの州の現職首相とみなした）。

(21) この問題については本書第 4 章で詳述する。
(22) 五十嵐（2015，162-163）。

〔参考文献〕

＜日本語文献＞
五十嵐誠 2015.「少数民族と国内和平」工藤年博編『ポスト軍政のミャンマー――改革の実像――』アジア経済研究所 157-182.
伊野憲治 2016.「2015 年ミャンマー総選挙の結果」『基盤教育センター紀要』（北九州市立大学）(24) 3 月 85-133.
長田紀之 2015.「2014 年のミャンマー：加速する経済，難題に直面する政治改革」『アジア動向年報 2015』アジア経済研究所 487-510.
――― 2016.「2015 年のミャンマー：新体制下初の総選挙で野党の国民民主連盟圧勝」『アジア動向年報 2016』443-466.
髙橋昭雄 2012.『ミャンマーの国と民：日緬比較村落社会論の試み』明石書店.

＜外国語文献＞
Holliday, Ian, Maw Htun Aung, and Cindy Joelene. 2015. "Institution Building in Myanmar: The Establishment of Regional and State Assemblies." *Asian Survey* 55(4) August: 641-664.
Nixon, Hamish et al. 2013. *State and Region Governments in Myanmar*. Yangon: MDRI-CESD; The Asia Foundation. (http://asiafoundation.org/resources/pdfs/StateandRegionGovernmentsinMyanmarCESDTAF.PDF 2016 年 4 月 16 日アクセス).
UNDP（United Nations Development Programme）. 2015. *The State of Local Governance: Trends in Shan* (Local Governance Mapping). Yangon: United Nations Development Programme. (http://www.mm.undp.org/content/myanmar/en/home/library/poverty/TheStateofLocalGovernanceChin/The_State_of_Local_Governance_Trends_Shan.html

2016年4月21日アクセス).

＜その他＞
Saung Kyi Thatin Jounrnal, Facebook site,
　　(https://www.facebook.com/NewsWatchJournal/)
Myanmar Times
連邦選挙管理委員会（Union Election Committee: UEC）ウェブサイト
　　(http://www.uecmyanmar.org/)

第 4 章

アウンサンスーチー政権の発足

長田　紀之

はじめに

　2016年3月末，半世紀ぶりに自由で公正な選挙に基づく文民政権が成立した。国民民主連盟（National League for Democracy: NLD）はアウンサンスーチー議長（以下，スーチー氏）に対する国民からの圧倒的支持を背景に選挙で大勝したものの，同氏は2008年憲法の規定で正副大統領への就任が妨げられていた。そのため，スーチー氏に近いティンチョー氏が大統領に就任するかたちでNLD政権が誕生したのである。本章執筆時までの状況では，この新政権は実質的なアウンサンスーチー政権であり，スーチー氏の指導的立場を確固たるものにする国家顧問のポストも創出された。本章では，新政権発足に至る経緯とその陣容について記述する。

第1節　政権移行プロセス

　2015年11月8日の選挙後まもなくNLDの圧勝が明らかとなると，連邦団結発展党（Union Solidarity and Development Party: USDP）政権から次期NLD政権への政権移行プロセスが開始された。スーチー氏は11月19日にシュエマン連邦議会議長と，12月2日にテインセイン大統領およびミンアウンフライン国軍最高司令官と，12月4日には2011年まで続いた軍事政権のトップであったタンシュエ元上級大将と立て続けに会談を行い，平和裏の政権交替が国内外に印象づけられた。また，NLDとUSDP政権のそれぞれの代表者が出席する調整会議を開

いて,実務的な話合いを進めた。

1. スーチー氏の大統領就任問題

　政権の移行にあたって,最初に大きく注目されたのはスーチー氏の大統領就任問題であった。現行の2008年憲法で,正副大統領の資格要件を定める第59条(f)項には,「本人,両親,配偶者,嫡出の子どもとその配偶者のいずれかが外国政府から恩恵を受けている者,もしくは外国政府の影響下にある者,もしくは外国国民であってはならない。その者たちは,外国政府の影響下にある者もしくは外国国民が享受し得る権利や恩恵を享受することを認められた者であってはならない」とある。スーチー氏は配偶者(故人)および子どもが外国籍であるため,この条項によって正副大統領への就任が認められない。NLDは数年間にわたってこの条項を含む憲法の諸条項の改正を要求してきたが,その要求は総選挙前の時点ですでに当時の政権与党USDPと憲法改正への実質的な拒否権を握る国軍とによって阻止されていた[1]。

　こうした状況下にあってスーチー氏自身も,自ら大統領には就任できないことを認めつつ,その代わりに「自分が大統領の上に立ち」「政権を運営する」と選挙前から公言していた[2]。しかし,NLDの選挙での大勝に国民のスーチー氏個人への支持が大きく寄与していたことはだれの目にも明らかであり,選挙後には再びスーチー氏の大統領就任に向けた機運が高まった。具体的には,NLDが過半数を占める新議会において,上記の憲法第59条(f)項を一時停止するという方策が模索されたようである。その可能性の有無について,NLDやUSDP,国軍関係者といったさまざまな方面からの発言がメディアで取り沙汰された。どのような方策をとるにせよ,スーチー大統領の実現には国軍との合意形成が必要となる。事実,スーチー氏は,2016年1月25日にミンアウンフライン国軍最高司令官と2度目の,2月17日には3度目の会談を行った。会談の詳細な内容は明かされなかったが,そこでスーチー氏の大統領就任について議論された可能性がある。現地メディアでは,国軍側が見返りにいくつかの管区域・州における首相ポストを要求しているとの報道がなされた。

　報道は加熱するも,確たる情報が表面に現れてこないままに,大統領選出の手続きが先送りにされた。2月8日に招集された第2期連邦議会(両院合同議会)

第4章　アウンサンスーチー政権の発足

では，3月17日に正副大統領候補を指名して大統領の選出手続きを開始することが通知された。5年前の第1期連邦議会では，招集後5日目（2011年2月4日）にテインセイン氏が大統領に選出されていたことと比べると，今回の日程の遅れが際立つ。テインセイン政権の任期は3月30日でもって切れるので，それまでに中央・地方の閣僚の任命まで終了させておかねばならず，大統領選出手続きの遅れはその後の日程をも厳しくするものであった。結局，3月初めまでにスーチー氏の大統領就任の線は立ち消え，予定されていた日程を若干早めるかたちで大統領選出の手続きが開始されることになる。

2．新議会の招集

大統領選出には紆余曲折があったものの，2015年11月の総選挙で選ばれた議員たちから構成される第2期議会は2016年2月初旬に相次いで発足した。まず下院（人民代表院）が2月1日に，次いで上院（民族代表院）が2月3日に，そして両院合同議会としての連邦議会が2月8日に招集された[3]。両院は最初にそれぞれの正副議長を選出し，連邦議会議長は両院議長が任期の半分ずつ兼任する。いずれの議会においてもNLDが単独で議席の過半数を占めるので，両院正副議長の選出にはNLDの意向が反映されることになった。

表4-1は実際に選ばれた両院正副議長の基本情報を示している[4]。下院議長には，NLDの中央執行委員であり，スーチー氏の信任が厚いとされるウィンミン氏が就任した。同氏はエーヤーワディー管区（当時）ダヌピュー郡出身で，大学卒業後に弁護士となったが，その後政治活動に身を投じる。1988年の民主化運

表4-1　連邦議会両院の正副議長

議会	役職	名前	政党	年齢	性別	民族	宗教	学歴	前職
下院	議長	ウィンミン	NLD	64	男	ビルマ	仏教	大卒	下院議員
	副議長	ティークンミャッ	USDP	65	男	カチン	キリスト教	大卒	下院議員
上院	議長	マンウィンカインタン	NLD	63	男	カイン	キリスト教	大卒	弁護士
	副議長	エーターアウン	ANP	70	男	ヤカイン	仏教	高卒	実業

（出所）　Open Myanmar Initiative 作成の候補者データベースおよび各種報道より筆者作成。
（注）　政党の略記は，NLD：国民民主連盟，USDP：連邦団結発展党，ANP：ヤカイン民族党。年齢は2015年2月1日現在。

動に関与して最初の投獄を経験し，軍事政権によって反故にされることになる1990年選挙に出馬して当選したNLD古参党員のひとりである。現憲法下での2012年補欠選挙でもエーヤーワディー管区域パテイン選挙区で当選しており，現職議員として臨んだ今回の選挙ではヤンゴン管区域タームウェ選挙区で再選を果たした。NLDは1月28日に下院議長へのウィンミン氏の指名を公にしたが，その直前の1月25日，同氏はスーチー氏と国軍最高司令官との2度目の会談に同席している。

下院の副議長にはUSDPのカチン民族議員ティークンミャッ（「ティー」はローマン・アルファベットのT）氏が就任した。シャン州北部中国国境に近いクッカイ選挙区選出の議員であり，2010年選挙でも同選挙区で当選していた。もともとはこのクッカイ地方に割拠する軍事勢力の指導者で，同時に連邦政府の法務長官府局長も務めていたという。報道では，同氏の下院副議長選出には，後述のシュエマン氏の推挙があったとの憶測もなされている。

上院の議長はNLDのカイン民族議員マンウィンカインタン氏が就任した。父親は独立運動時のカイン民族の指導者マンバカインである。マンバカインはスーチー氏の父親アウンサンとともにイギリスからの政権移譲の受け皿となる行政参事会を構成する閣僚のひとりであったが，独立前年の1947年，閣議中にアウンサンらとともに暗殺された。マンウィンカインタン氏自身は弁護士で，NLDへの入党は2013年と新しい。今回の選挙でカイン州第8区から初当選した。上院副議長には，ヤカイン民族党（Arakan National Party: ANP）の中央執行委員であり党内席次第2位のエーターアウン氏が就任した。同氏はそもそもNLDの友党ヤカイン民主連盟（Arakan League for Democracy: ALD）の指導者であり，スーチー氏とは1990年以来，協力関係を築いてきた[5]。今回の選挙ではヤカイン州第6区から選出された。

以上，NLDによる連邦議会両院の正副議長の人事では，最も重要な下院議長に信頼のおけるNLD古参党員が配された一方で，4人中3人に少数民族出身者が選ばれ，シャン州とヤカイン州で多くの議席を獲得したUSDPとANPからそれぞれ副議長が選出されるなど，民族と政党の多様性に配慮が示されたといえる。

なお，両院では，正副議長が決まったのち，それぞれの議会内で各種委員会が組織された。そのなかで特筆すべき事項が，下院の法務・特別問題検討委員会の委員長にシュエマン氏が就任したことである（2月5日）。シュエマン氏は

軍事政権時代に序列第3位にあった元軍人の有力者で，体制の変わった2011年以降は下院議長として議会を主導し，ときにテインセイン大統領率いる執政府と対抗しながら，近年急速にスーチー氏との連携を強めてきた。USDP候補として戦った2015年の総選挙ではNLD候補に負けて落選したが，新政権に何らかのかたちで登用される可能性が噂されていた(6)。上記の法務・特別問題検討委員会は，そもそも2011年に当時下院議長であったシュエマン氏自身が，既存の法律について改正や廃止の必要性を検討することなどを目的に議会の内外から識者を集めて設立したものであり，その後，議会の立法過程に一定の影響力をもつようになったという(7)。現在の議会でシュエマン氏は議員ではないものの，以後，この委員会を通じて立法過程にかかわっていくことになる(8)。

第2節　新政権の顔ぶれ

1．正副大統領——文民大統領誕生

　3月10日，上下両院でそれぞれNLDとUSDPから副大統領候補が指名され，大統領選出過程が開始された。大統領選出の手続きは以下のとおりである。まず，下院の民選議員団，上院の民選議員団，両院の軍人議員団がそれぞれひとりずつ合計3人の副大統領を指名する。副大統領は議員である必要はない。つぎに，両院合同の連邦議会において全議員の投票により，この3人のうちから大統領を選出し，残りふたりが副大統領にとどまる。翌3月11日には，3議員団選出の副大統領3人が出そろった。下院民選議員団からはNLD党員ではあるが議員ではないティンチョー氏，上院民選議員団からはチン州第3区選出のNLD議員ヘンリーヴァンティウ氏，軍人議員団からは現職のヤンゴン管区域首相で2015年選挙への出馬を見送っていたミンスェ氏が指名された(9)。3月15日，652人の議員が出席した両院合同の連邦議会での投票で，3人はそれぞれ360票，79票，213票を獲得し，ティンチョー氏が次期大統領に選出された(10)。ティンチョー氏は3月30日に議会で宣誓を行って大統領に就任した（巻末付録2）。ミャンマーでは，厳密な意味での文人，つまり，国軍での勤務経験のない人物が国政の頂点に立つのは実に半世紀ぶりのことである。

新しい正副大統領のプロフィールは以下のとおりである（表4-2）。ティンチョー大統領は，現在69歳のNLD党員で，著名な作家ミントゥーウン（故人）を父にもち，自らも父の伝記などを著している。しかし，これまで彼自身はミャンマー政界において無名といってよい存在であり，その指名は国内外から戸惑いと驚きをもって迎えられた。1歳ちがいのスーチー氏は同じ高校の先輩に当たり，大統領就任前にはスーチー氏の母親の名を冠したドー・キンチー財団の幹部を務めていた。2015年選挙には出馬しておらず，議員ではないが，スーチー氏の信頼の厚さから彼女の「代理」として大統領職を任されたと思われる。上記財団が発表したとされる学歴と職歴によると，大学卒業後にイギリスへの留学などを経験しながら，母国で経済学とコンピューター・サイエンスの修士号を取得し，その後，1992年に退職するまでのおよそ17年間を中央省庁の官僚として過ごしたという[11]。ティンチョー大統領自身はこれまで党内で重要な役職を担ったことはないが，彼がNLDを中心的に担う人々のインナーサークルに属する人物であることは間違いない。父ミントゥーウンは1990年選挙の際にNLD候補としてヤンゴン管区（当時）カマーユッ選挙区から出馬して当選した。また，大統領夫人となる妻スースールィン氏もNLD党員であり，2012年補欠選挙と2015年選挙の2回ともヤンゴン管区域トウングワ選挙区で当選している。彼女の入党は2012年であるが，この選挙区は彼女の父親で，退役将校で，NLD創設者のひとりであるルィン（故人）が1990年選挙で当選した選挙区であった。

　次点のミンスェ副大統領は，退役軍人のUSDP党員であり，2011年以来，ヤンゴン管区域の首相を務めていた。軍人としては，国軍士官学校第15期卒業ののち，軍事政権時代に陸軍将校として昇進を重ね，情報部に当たる軍保安局長

表4-2　正副大統領

	名　前	政党	年齢	性別	民族	宗教	学歴	前職
大統領	ティンチョー	NLD	69	男	ビルマ	仏教	修士	公務員（退職）
副大統領（第1）	ミンスェ	USDP	64	男	モン	仏教	大卒	退役軍人 ヤンゴン管区域首相
副大統領（第2）	ヘンリーヴァンティウ	NLD	57	男	チン	キリスト教	大卒	退役軍人 公務員（退職）

（出所）　表4-1と同じ。
（注）　年齢は2016年4月1日現在。

第 4 章　アウンサンスーチー政権の発足

を経て，2006年にはヤンゴンを管轄する第 5 特別作戦室長に就任した。この在任中の2007年にヤンゴンで発生した民主化デモ——いわゆる「サフラン革命」——に対する苛烈な弾圧手法などから軍内の強硬派として知られる。最終的な階級は中将であり，退役して参加した2010年選挙では，USDP党員としてヤンゴン管区域議会選挙に出馬して当選し，翌年，就任したばかりのテインセイン大統領によりヤンゴン管区域首相に指名された。2012年に当時のティンアウンミンウー副大統領が辞任した際にも，後任の軍人議員団選出副大統領の筆頭候補としてメディアに名前が挙がっていたが，結局，このときは選ばれなかった。義理の息子がオーストラリア国籍を有していることが憲法第59条(f)項に違反したためといわれる。2015年選挙には健康上の理由を挙げて出馬を見送っていたものの，今回は軍人議員団選出の副大統領として指名されることになった（義理の息子が外国籍を放棄したとの報道がある[12]）。軍事政権時代のトップであったタンシュエ元上級大将とも近い強硬派と目されるミンスエ氏が副大統領として政権の中枢に存在することが，今後NLDの政権運営にどのように影響してくるか注目される。

　もうひとりのヘンリーヴァンティウ副大統領は，新大統領以上に驚きの人選であった。チン州中部タンタラン郡出身のチン民族キリスト教徒であり，国軍軍人として20年間近くミャンマー各地で軍務につき，退役してから10年ほど第 1 工業省に所属して各地の工場長などを務めた。フィリピンやニュージーランドでの居住経験もあるという。2015年選挙ではNLD党員としてチン州第 3 区で当選を果たしたが，副大統領就任にともない議員は辞職することになる。上院民選議員団選出の副大統領が少数民族出身者であることは予測されていたものの，これまでのミャンマー政治で要職に就いた者がなく，相対的に人口の少ないチン民族からの登用は，多くの人々にとって予想外のことであった。

2．連邦政府閣僚

　新大統領の最初の仕事は執政府の組織である。連邦議会での新大統領選出後まもなく，ティンチョー氏はまず連邦レベルの省庁再編案を議会に提出し， 3 月21日にこれが承認された。再編の趣旨は，NLDの公約どおり，省庁と大臣ポストの数を減らして政府支出を削減することにあった（第 1 章参照）。管轄分野

の近接する省庁を統合することによって，31あった省庁の数は21にまで減らされ，従来，6人おかれていた大統領府付大臣の数を1人にするなど閣僚の数も減らすとした（表4-3）。この時点では，唯一，民族省だけが新設の省であった。

表4-3 省庁再編

旧	新
1 国防省	1 国防省
2 内務省	2 内務省
3 国境省	3 国境省
4 外務省	4 外務省
5 情報省	5 情報省
6 国家計画・経済発展省 7 財務省	6 計画・財務省
8 農業灌漑省 9 畜水産・農村開発省 10 協同組合省	7 農業・畜産・灌漑省
11 鉱業省 12 環境保全・林業省	8 天然資源・環境保全省
13 工業省	9 工業省
14 商業省	10 商業省
15 運輸省 16 鉄道運輸省 17 通信・情報技術省	11 運輸・通信省
18 建設省	12 建設省
19 電力省 20 エネルギー省	13 電力・エネルギー省
21 ホテル・観光省	14 ホテル・観光省
22 労働・雇用・社会保障省 23 入国管理・人口省	15 労働・入国管理・人口省
24 社会福祉・救済・復興省	16 社会福祉・救済・復興省
25 教育省 26 科学技術省	17 教育省
27 保健省 28 スポーツ省	18 保健・スポーツ省*
29 宗教省 30 文化省	19 宗教・文化省
31 大統領府（大臣ポスト6）	20 大統領府（大臣ポスト1） 21 民族省（新設） 22 国家顧問府（新設）**

（出所）　各種報道より筆者作成。
（注）　順番は便宜的なもので，序列を表しているものではない。
　　　*保健省が，5月25日に保健・スポーツ省に改称。
　　　**国家顧問府の設立は，新政権発足後の5月10日に議会承認。

第4章　アウンサンスーチー政権の発足

　これはテインセイン政権下で成立した土着諸民族権利保護法（2015年法律第8号）に基づいて設置されたものである。しかし，その後，後述する国家顧問のポスト創出にともない，5月上旬に新しい省として国家顧問府の設置が承認され，国家顧問府付大臣が任命されることとなった。

　3月30日の正副大統領就任によって新政権が発足した。当初は，まだ存在しなかった国家顧問府付大臣を除く21ポストに対して18人の閣僚が任命された[13]。18人の閣僚の筆頭はスーチー氏であり，外務大臣，大統領府付大臣，電力・エネルギー大臣，教育大臣の4ポスト兼任であった。外務大臣への就任は，彼女の国際社会での知名度と影響力を十分に発揮するのに適している。かねてより，大統領に就任できないスーチー氏が外交の場にどう臨席するかが問われたとき，スーチー氏は「私はその場に立ち会うことになる」，「彼（大統領）は私の脇に座ることができる」と述べてきたが，外務大臣の立場はそうした状況を可能にするものであった[14]。それのみならず，外務大臣就任は，国政の重要機関である国防治安評議会への出席をも可能にする。国防治安評議会は，正副大統領3人，連邦議会両院議長，国軍最高司令官および副司令官，国防大臣，外務大臣，内務大臣，国境大臣の11人から構成され（憲法第201条），三権の国軍最高司令官への委譲を伴う国家非常事態宣言の発出に関与する（同第417，418条）。この11人のうち，国軍最高司令官と副司令官，国防，内務，国境の3大臣の5人は現役軍人であり，副大統領の1人は軍人議員団によって選出されるので，過半数を軍関係者が占めることになるが，NLD政権にとっては国軍指導層との協議を可能にする枠組みでもある。正副大統領にはなれないスーチー氏が国防治安評議会に出席する道は，両院議長か外務大臣になるしかなかった。外務大臣への就任は，立法府の議事運営に専心するのではなく，執政府の内部から政権の舵取り（かじ）をすることを選択した結果であったろう。しかし，やはり4ポスト兼任の負担は過重であったのか，まもなく，電力・エネルギー大臣と教育大臣については別の人物が任命されることになった（4月5日）。さらに5月17日に国家顧問府付大臣が任命されたため，新政府閣僚の顔ぶれは以下のようになった（表4-4）[15]。

　合計21人の閣僚のうち，国軍最高司令官が指名する内務，国防，国境大臣を除いた18人がNLDつまりスーチー氏の人選によると考えられる。彼らのプロフィールをみると，スーチー氏の閣僚人事は，NLDによる明示的な閣僚ポストの独占を避けたものであり，かつ，党内の論功行賞の意味合いは薄く，政治活

表4-4 閣僚名簿

役職	名前	所属政党	2015選挙	年齢	性別	民族	宗教	学歴	前職（2015年選挙前）
外務大臣兼大統領府付大臣	アウンサンスーチー	NLD	下院議員	70	女	ビルマ	仏教	修士	下院議員、NLD議長、[1990年選挙出馬]
内務大臣	チョースェー	国軍	不出馬	56	男	ビルマ	仏教	修士	現役軍人（中将）、国境大臣、[元保安局長、元陸軍参議長、元第6特別作戦軍長]
国防大臣	セインウィン	国軍	不出馬	59	男	ビルマ	仏教	修士	現役軍人（中将）、国防副大臣（留任）、[元防空軍長]
国境大臣	イェアウン	国軍	不出馬	55	男	ビルマ	仏教	修士	現役軍人（中将）、[元軍法務部長]
国家顧問府付大臣[2]	チョーティンスェー	—	不出馬	71	男	？	？	大卒	[元国際連合ミャンマー政府代表特命全権大使、常駐代表、元ミャンマー人権委員会副委員長]
情報大臣	ペーミン	NLD	不出馬	66	男	ビルマ	仏教	大卒	作家、ジャーナリスト、医者
宗教・文化大臣	アウンコー	USDP[4]	落選	68	男	ビルマ	仏教	大卒	下院議員、[退役軍人、元宗教副大臣、元科学技術副大臣]
農業・畜産・灌漑大臣	アウントゥー	NLD	上院議員	60	男	ビルマ	仏教	博士	ヤンゴン大学学長
運輸・通信大臣	タンスインマウン	NLD	下院議員	62	男	ビルマ	仏教	修士	[元ミャンマー鉄道事業部長]
天然資源・環境保全大臣	オウンウィン	—	不出馬	64	男	ビルマ	仏教	修士	ミャンマー統合開発研究所（NPO）水源地治山治水対策顧問、[元イェイン林業大学教授]
電力・エネルギー大臣	ペーズィントゥン	—	不出馬	59	男	ビルマ	仏教	大卒	エネルギー省事務次官、[元ミャンマー石油ガス公社職員]
労働・入国管理・人口大臣	テインスェー	USDP[4]	下院議員	66	男	ビルマ	仏教	大卒	スーパー・セブン・スターズ・モーターズ・インダストリー社テクゼクティブ・エンジニア
工業大臣	キンマウンチョー	—	不出馬	65	男	ビルマ	仏教	大卒	NLD経済委員会会長、[元官吏]
商業大臣	タンミン	NLD	下院議員	73	男	ビルマ	仏教	博士	ヤンゴン西部区大学学長
教育大臣[2]	ミョーテインヂー	—	不出馬	50	男	ビルマ	仏教	博士	退職、[元保健省官僚、元WHO職員]
保健・スポーツ大臣[3]	ミントゥエ	—	不出馬	67	男	ビルマ	仏教	博士	経済コンサルタント、[元官僚]
計画・財務大臣	チョーウィン	—	下院議員	68	男	ビルマ	仏教	博士	[元ユナイテッド・エンジニアリング社会長兼最高経営責任者、元ミャンマー石油ガス協会中央執行委員]
建設大臣	ウィンカイン	NLD	不出馬	65	男	ビルマ	仏教	修士	ミャンマー医師協会中央執行委員、小児科医、[元マグウェー医科大学学長]
社会福祉・救援・復興大臣	ウィンミャッアェー	NLD	上院議員	61	男	ビルマ	仏教	博士	退職、[元パインレー・プリンセス・リゾート最高経営責任者、1990年副議長]
ホテル・観光大臣	オウンマウン	NLD	不出馬	68	男	インドシャン	仏教	高卒	[元インドシャン人副大臣（5月17日）と国家顧問府付大臣（4月5日）および教育大臣（5月17日）]
民族大臣	ナインテッルィン	MNP	不出馬	75	男	モン	仏教	大卒	MNP副議長、[1990年選挙出馬]

(出所) 表4-1と同じ。

(注) 2016年5月17日現在。ただし、所属政党や年齢は就任時のもの。
1) 政党名は、NLD：国民民主連盟、USDP：連邦団結発展党、MNP：モン民族党。
2) 新政権発足（3月30日）より後に任命されたのは、電力・エネルギー大臣および教育大臣（4月5日）と国家顧問府付大臣（5月17日）。
3) 保健・スポーツ大臣は5月25日に保健大臣から改称。
4) アウンコーとテインスェー大臣は4月22日にUSDPから除籍された。

動歴よりも実務能力や学歴を重視したものであったことがうかがわれる。

まず，18閣僚の構成を出身政党からみてみると，報道などをみるかぎり，NLD党員であることが明示されているのは8人と半数に満たず，USDPが2人，モン民族党（Mon National Party: MNP）が1人であり，残りの7人は特定の政党に所属していないと思われる。NLD党員には比較的新しい入党者が多いようである。1990年選挙にNLDから出馬したのはスーチー氏のほかは，ホテル・観光大臣となったオウンマウン氏しかいない。オウンマウン氏も1990年選挙後に投獄されてからは，政治活動と距離をおいてインレー湖でのホテル経営と社会事業に専心しており，NLDに再入党したのは2012年のことだという。

USDPのアウンコー宗教・文化大臣とテインスェ労働・入国管理・人口大臣は，いずれも退役軍人で軍事政権期もしくはUSDP政権期に閣僚を経験している。両者とも，報道でシュエマン氏との近さが指摘されている[16]。政権発足後の4月22日，これらのふたりとシュエマン氏および同氏の率いる法務・特別問題検討委員会に名を連ねるUSDP党員の合計17人がUSDP中央執行委員会によって党から除籍された。

そして，新設ポストの民族大臣には，少数民族政党MNPのナインテッルィン副議長が就任した。同氏は半世紀にわたって反体制活動に携わってきた政治家であり，1990年選挙にはモーラミャイン選挙区から出馬していたが，今回の2015年選挙には参加していなかった。

職業でみると，2015年選挙で議席を獲得した現職議員は18人中7人にすぎず，議会外からの登用が目立つ。今回の選挙以前の職歴をみても，第1期連邦議会の議員であったのはNLDのスーチー氏のほか，USDPのふたりだけであり，その他は大学の学長や研究者，医療関係者，国営企業職員，官僚，一般企業の経営者などが多い。また，学歴では，一部で自己申告した学歴に問題を指摘された大臣もいたが，修士号や博士号を取得している大臣の数が多いことも特徴である。

3．管区域・州首相およびネーピードー評議会委員長

管区域・州政府の首相は当該の管区域・州議会議員のなかから大統領が任命し，各管区域・州議会は実質的にその任命を拒否することができない（第3章参

照)。NLDは管区域・州政府に関しては14人すべてをNLD当選議員から選出した（表4-5）[17]。

　14人のプロフィールを概観すると，NLDの管区域・州首相たちは大きくふたつの類型に分けられそうである。第1の類型は，NLDの古株で，1988年の民主化運動や1990年選挙に参加し，以後，政治犯として投獄される経験をしつつも政治活動を続行してきた人たちである。2012年補欠選挙で議席を獲得した者も多い。マンダレー管区域のゾーミンマウン首相，マグウェー管区域のアウンモーニョー首相，カイン州のナンキントゥエミン首相などのNLD中央執行委員が典型的で，モン州，ヤカイン州，ザガイン管区域，ヤンゴン管区域，エーヤーワディー管区域の首相たちもこの類型に含められるだろう。例外的なのがタニンダーイー管区域のレーレーモー首相で，NLDへの入党は2012年と遅いものの，中央執行委員に取り立てられている。この類型については，中央での議員経験者を送り込むことによる管区域・州議会の活性化，信頼のおける党員を首相に任命することでの中央と地方とのパイプの強化，党内功労者への論功行賞といった意図があったのではないかと思われる[18]。

　第2の類型は，政治活動歴が短く，NLDとのかかわりも薄い人たちである。カチン州，カヤー州，チン州，シャン州，バゴー管区域の各首相は，ほとんど政治経験のないところから，2015年選挙に参加する際にNLDの党員になった[19]。第2類型の人選がなぜ行われたのか，第1類型の地域と第2類型の地域とで何がちがうのか，現時点ではわからないことが多い。しかし，プロフィールの概略をみただけの印象によれば，第1類型と比べると第2類型の首相の人選は，より場当たり的で，戦略性に欠ける人選のようにみえる。第2類型の地域は，バゴー管区域を除いて，山地部に位置する州である。これらの州では，首相の人選以前にまずは選挙に勝つことが課題であったため，中央執行委員会から落下傘候補を送り込むよりは，少数民族出身者などの地元の人材を即席のNLD党員に仕立てて候補者として擁立する戦略がとられたのかもしれない。

　また，州議会でNLDが多数派を形成していないヤカイン州とシャン州では，NLD議員の首相への任命が州議会の反発を招いた。ヤカイン州議会では，47議席中23議席を占めるヤカイン民族党が首相人事をめぐってNLDと交渉をもっていたが，要望が受け入れられなかった。3月28日の州議会で，大統領によるNLD議員の首相への指名がなされると，ANP議員が議場を立ち去って抗議の意を示

第4章　アウンサンスーチー政権の発足

表4-5　管区域・州首相およびネーピードー評議会委員長

役職	名前	政党	年齢	性別	民族	宗教	学歴	前職（2015年選挙前）
サガイン管区域首相	ミンナイン	NLD	64	男	ビルマ	仏教	大卒	医師、[1990年選挙出馬]
タニンダーイー管区域首相	レーレーモー	NLD	50	女	ビルマ	キリスト教	大卒	開業医、NLD中央執行委員
バゴー管区域首相	ウィンテイン	NLD	52	男	ビルマ	仏教	大卒	農民
マグウェー管区域首相	アウンモーニョー	NLD	57	男	ビルマ	仏教	大卒	下院議員、NLD中央執行委員、[1990年選挙出馬]
マンダレー管区域首相	ソーミンマウン	NLD	64	男	ビルマ	仏教	大卒	下院議員、NLD中央執行委員、[1990年選挙出馬]
ヤンゴン管区域首相	ピョーミンテイン	NLD	46	男	ビルマ	仏教	大学中退	下院議員、NLD中央委員、[1988年学生運動指導者]
エーヤーワディー管区域首相	マンジョーニー	NLD	74	男	カイン	キリスト教	大卒	下院議員
カチン州首相	カッブサン	NLD	70	男	カチン	キリスト教	大卒	歯科医
カヤー州首相	エルパウンショー	NLD	37	男	カヤー・シャン	仏教	大卒	郡役所勤務
カイン州首相	ナンキントゥエミン	NLD	61	女	カイン	仏教	大卒	下院議員、NLD中央執行委員、[1990年選挙出馬]
チン州首相	サライリアンルアイ	NLD	61	男	チン	キリスト教	大卒	退職、[元県法務官]
モン州首相	ミンミンウー	NLD	45	男	ビルマ	仏教	大卒	ゴム農園経営、NLDビーリン郡副議長、[1988年学生運動指導者]
ヤカイン州首相	ニーブ	NLD	60	男	ヤカイン	仏教	大卒	NLDヤカイン州議長、[1990年選挙出馬]
シャン州首相	リントゥッ	NLD	56	男	ビルマ	仏教	大卒	歯科医
ネーピードー評議会委員長	ミョーアウン	NLD	65	男	ビルマ	仏教徒	大卒	下院議員、NLD中央執行委員、医師、[2015年選挙も下院で当選]

（出所）表4-1と同じ。
（注）カヤー州のエルパウンショー首相の名前にある［エル］はローマン・アルファベットのL。

111

すという事態が発生した。シャン州では，最大の民選議席数を獲得したUSDPや地元少数民族政党のシャン民族民主連盟（Shan Nationalities League for Democracy: SNLD）からの反発があった。とくにSNLDは1990年からNLDと共闘関係にあった政党で，選挙直後から連邦政府や州政府での閣僚ポストが期待されていた。しかしながら，両党間の交渉が決裂し，結局のところSNLDは閣僚ポストをひとつも得られなかった。

　最後に，ネーピードー連邦直轄地を管轄するネーピードー評議会委員長について付言しておこう。ネーピードー評議会委員長は大統領によって任命され，その序列は管区域・州首相よりも高い。このポストには，2015年選挙で下院に当選していたアウンミョー氏が任命された。同氏は古参NLD党員で中央執行委員でもあるという点で，管区域・州首相の第1類型と似た人選である。ただ，管区域・州首相が各地方議会の議席を失わないのに対し，ネーピードー評議会委員は連邦政府の閣僚と同様に議員を辞職する必要がある。

第3節　アウンサンスーチー政権の始動

1．国家顧問ポストの創設

　3月30日に新体制が発足したのち，NLDが起こした最初の行動は国家顧問法案の提出であった。この法案は，国家顧問という新たなポストをつくり出すことによって，国政への「助言」をする権限をスーチー氏個人に与えるものであり，実質的に政権を握るスーチー氏の名目上の地位をも高める目的があった。連邦議会の上下両院において，法案は軍人議員の反対を押し切るかたちで速やかに可決され，大統領の署名を経て4月6日には法律として成立した（巻末付録3）。なお，4月29日，大統領府は国家の序列を示したリストを公表した。これによると国家顧問は大統領に次ぐ第2位におかれ，ふたりの副大統領をはじめ，ほかのいかなるポストよりも高い地位とされている。

　では，国家顧問とは具体的にどのような存在であろうか。法律の条文によるとポスト創設の前提となる目的は，これまでもNLDが繰り返してきた複数政党民主主義の促進，市場経済制度の堅持，フェデラル連邦国家の建設，連邦の平

和と発展といったことにおかれている（前文，第3条）。さらに，国家顧問の職務はそれらの目的を達成するために，「憲法の規定に違反せず，国家と国民の福利のために助言を与える」（第5条(a)項）こととある。国務顧問は連邦議会によって任命され，助言と職務遂行にあたっては連邦議会に対して責任を負う（第5条(b)項）。ただし，助言の中身については特段の記述がなく，助言を与える対象についても「政府，関係当局，団体組織，協会組織，個人と連絡をとって職務を遂行できる」（第5条(c)項）と一般名詞が連ねてあって，ほぼ無限定といえる。他方で，この法律は条文のなかに，国家顧問の任命を受ける者としてスーチー氏個人の名前を挙げている（第4条）。また，法律の効力自体がティンチョー大統領の就任期間のみに限られている（第7条）。すなわち，国家顧問はスーチー氏個人のための時限的ポストであるが，その権限は曖昧であり，「助言」というかたちでさまざまな方面に影響力を行使することが正当化されているのである。

　連邦議会における軍人議員の反対は，この権限の曖昧さに関する批判として提出された。とくに執政府の閣僚であるスーチー氏が立法府へ影響力を行使し得ることは，憲法第11条に記された三権分立に抵触するのではないかという疑念が示されるとともに，時間をかけて法案を修正することが要求された。しかし，議席の過半数を占めるNLD議員たちによって法案はなんの修正もなく速やかに可決されることとなった。

　さらに，ティンチョー大統領は5月3日付けで連邦議会議長に宛て，国家顧問府という新たな省[20]の設置について議会の承認を求めるメッセージを送った。国家顧問としてのスーチー氏のオフィスを設立するという動きである。連邦議会議長は議会に対して，この件について議論を望む議員は9日までにその旨を申し出るように通知したが，結局，誰からも反対意見は提出されなかった。このため，5月10日に大統領の新省設立の提案はそのまま議会に承認された。こうした波風の立たない展開は，国家顧問法の成立時とは対照的であったが，野党議員や軍人議員からは反対をしても無駄であると，あきらめの声も聞かれた[21]。

　5月17日には，国家顧問府付大臣も任命された。スーチー氏の3ポスト兼任も噂されたが，任命されたのはチョーティンスェ氏であった。同氏は，1968年に外務省に入省したベテランの外交官であり，軍事政権下の2001年から2009年にかけては国際連合ミャンマー政府代表特命全権大使兼常駐代表を務めた。テインセイン政権下では，同政権によって設立された国家人権委員会の副委員長に

就任した。こうした豊富な実務経験に加えて，チョーティンスェ氏には，2012年末に組織されたレッパダウン銅鉱山開発計画に関する調査委員会[22]でスーチー氏と協働した経験があり，これらのことが考慮されての登用であったと思われる。

本章執筆時では，まだ国家顧問府の人員規模や予算についての詳細は不明であるが，政権発足直後から，国家顧問ポスト創設という奇手をきっかけとして，着々とスーチー氏の権力基盤の強化が進められているという状況にあるといえる。

2．民族問題への取り組み

ミャンマーで半世紀以上にわたって続いてきた民族紛争と内戦の問題について，スーチー国家顧問はミャンマーの新年を祝う4月の水祭りの際に国民に向けたメッセージのなかで，前政権のこの問題への取り組みを評価し，その基礎のうえに立って国内和平の達成をめざす旨を述べた（巻末付録4）。テインセイン政権は選挙前の2015年10月に，8つの少数民族武装組織と全国停戦協定に署名し，この協定に基づいて停戦監視のための共同監視委員会（Joint Monitoring Committee: JMC）と政治対話を準備するための連邦平和対話共同委員会（Union Peace Dialogue Joint Committee: UPDJC）が設立された。これらの共同委員会は政府側と8つの署名組織側の代表などから構成される。スーチー氏はこうした状態を引き継ぎ，国内和平に向けて取り組んでゆくことになる。

しかし，ミャンマーには20近い数の少数民族武装組織が存在し，上記の協定に署名した8組織はその一部にすぎない。これは，国軍と戦闘中にある3組織を停戦協定に含めないという前政権および国軍の姿勢が，当初は全組織が参加する包括的協定をめざしていた少数民族武装組織側の足並みを崩したためである。今後の国内和平の進展は，国軍と戦闘中の組織や，協定に署名しなかった組織をどのように和平プロセスに参画させられるかにかかっている。

4月末，スーチー氏は2カ月以内にすべての勢力が参加する「21世紀のパンロン会議」を開催するという方針を明かした。これは同氏の父アウンサンがイギリスからの独立直前の1947年に開催したパンロン会議に倣ったものである。アウンサンは少数民族代表の集まるパンロン会議の席上で，ビルマ民族と諸少

第4章　アウンサンスーチー政権の発足

数民族とが平等の権利を有する連邦制国家の樹立を約束したといわれており，ミャンマーではパンロンの名は「真の連邦制」を象徴するものとして知られている[23]。

「21世紀のパンロン会議」開催準備のための委員会が設けられ，その委員長にはスーチー氏の側近であるティンミョーウィン氏が，副委員長にはチョーティンスェ国家顧問府付大臣が選任された。ティンミョーウィン氏は，1988年の民主化運動にかかわった活動家であるだけでなく，長くスーチー氏の主治医を務め，彼女が軍事政権下で自宅軟禁されていたときに定期的に面談することができた数少ない人物のうちのひとりでもある。そのため，2015年の選挙後に，同氏は大統領の有力候補としてメディアに取り沙汰された。結局，大統領には選ばれず，「協議調整担当」という肩書で少数民族問題に当たることとなった。「協議調整担当」の職掌の詳細は不明であるものの，「21世紀のパンロン会議」準備委員会において，ティンミョーウィン氏は上記の停戦協定にまだ署名していない武装組織との折衝を担当するサブ委員会の委員長も兼任する。同氏が，今後のミャンマーにとってきわめて重要な国内和平の問題を任せられた背景には，彼に軍医としてのキャリアがあり，国軍内でも信望が厚いためであるという見方がある[24]。その真偽はさておき，国内和平の達成に少数民族武装組織とのみならず，彼らと長年にわたって戦闘してきた国軍との協働が不可欠であることは間違いない。

おわりに

国家顧問法案の審議過程の顛末は，今後5年間のミャンマー政治の構図を予見させるものであった[25]。連邦議会は政党間の協議の場というよりも，NLDと国軍との対決の場となり，そこにおいては国軍の反対意見にもかかわらず，議席の過半数を占めるNLDの意向どおりに法律が制定されるのである。ただし，ネックとなるのは憲法改正であろう。全議席の4分の1を保持する国軍は憲法改正に対する拒否権を握っている。NLDが憲法改正に踏み込もうとすれば，国軍との対決は免れない。NLDが5年の任期中に憲法改正に向けた具体的な行動を起こすかどうか，起こすとすればどのようなタイミングでどのような行動を

とるのか，ということが国家と政権の安定にとって大きな意味をもつことになる。

　また，過去5年間のテインセイン政権下で一定の成果のみられた少数民族武装勢力との停戦と政治対話のプロセスをどのように引き継いでいくかも重要である。停戦の実効性を確保するには国軍の協力が不可欠であるが，他方で少数民族武装勢力との政治対話においては「フェデラル連邦制」の言葉に象徴される地方分権化の進展が求められ，そうした体制の改革は必然的に憲法改正を伴うことになる。連邦レベルでの体制変換が難しいこともさることながら，この問題は国軍と複数の少数民族武装組織や少数民族政党といった多様な当事者が絡み，また，紛争地ごとに特殊な事情をもつ複雑な問題であり，停戦と政治対話のプロセスの難航が予想される。

　NLDとその他の政党との関係は現状においては相対的に重要性が劣るものの，今後のNLDの政治手法を占ううえで示唆的である。新政権発足後，NLDは議会議長や執政府閣僚などの重要役職ではそれなりにバランスのとれた慎重な人事を行っているようにみえる。たとえば，NLDによるポストの独占は避け，シュエマン氏を中心とする旧USDPの一部勢力や一部の少数民族政党との連携が図られた。しかしながら，国家顧問法の制定や管区域・州首相へのNLD議員の任命などの過程においては，国軍や地方議会の少数民族政党の反対があったにもかかわらず，方向修正や妥協はなされなかったといってよい。こうした手法は，シュエマン氏らのUSDPからの除籍やNLDと少数民族政党との不協和音というかたちで，広い連携の余地を狭めることに帰結しているようである。NLDはこれまで，ことあるごとに国民和解と国内和平という言葉を繰り返してきたが，それらの困難な課題を達成するためには，国内における強力なリーダーシップと幅広い合意形成の双方が必要となる。安定的な権力基盤を背景としてNLDがこれらの課題にどのように取り組んでいくのか，スーチー氏の政治家としての力量が試されることになるであろう。

【注】
(1)　与党主導の憲法改正案策定の過程で，当該条項の改正案は「嫡出の子どもとその配偶者」の部分からの「とその配偶者」の削除に留められたので，たとえ改正が実現してもスーチー氏は大統領の資格要件を満たせなかった。さらに2015年6月25日の両院合同の連邦議会で，提出された6つの改正案うち，この点を含む5案が否決された。憲法改正には連邦議会議

員の75％を超える賛成が必要となるが、全議席の25％が国軍最高司令官の任命する軍人議員によって占められるため、国軍が実質的拒否権を有することになる。

⑵ *BBC*, 5 November 2015, (http://www.bbc.com/news/world-asia-34729659), *Time*, 5 November 2015, (http://time.com/4101057/aung-san-suu-kyi-burma-myanmar-elections-nld/).

⑶ 地方では、各管区域・州議会も2月8日に招集されたようである（第3章参照）。

⑷ おもに以下の記事に依拠。*Myanmar Times*, 29 January 2016, (http://www.mmtimes.com/index.php/national-news/18742-speaker-profiles.html)。

⑸ ALDは1990年選挙に参加したが、2010年選挙はNLDに同調してボイコットした。2010年選挙では、ヤカイン民族発展党（Rakhine Nationalities Development Party: RNDP）が参加して議席を獲得したが、2013年にALDとRNDPは2015年選挙での勝利をめざして合併し、ANPとなった。ANPではRNDP議長のエーマウン氏が席次第1位、ALDのエーターアウン氏が席次第2位であり、エーマウン氏は2015年選挙でNLD議員に負けて落選した。今回のエーターアウン氏の上院副議長就任は、事前にANP側の了承を得ずに行われたため、ANPの分断を促すものとして党内の旧RNDP勢力からの反発を招いている。*Myanmar Times*, 1 February 2016, (http://www.mmtimes.com/index.php/national-news/18758-choice-of-deputy-speaker-stokes-anp-dispute.html)。

⑹ シュエマン氏は選挙前の2015年8月にUSDPの党役職から突如解任されたが、この解任劇と同氏の選挙戦については第1章を参照のこと。

⑺ この委員会の内実については、シュエマン氏の息子で同委員会の委員であったトーナインマン氏へのインタビューに基づく以下の記事を参照のこと。*Myanmar Times*, 10 April 2014, (http://www.mmtimes.com/index.php/in-depth/10138-all-the-speaker-s-men.html)。

⑻ 同委員会は当初、下院の委員会であったが、2月29日に連邦議会の委員会として再編された。また、シュエマン氏とともに同氏に近い複数のUSDP党員が同委員会の委員となっていたが、彼らは4月22日付けでUSDPから除籍された。

⑼ なお、USDPは下院でサイマウカン氏（USDP政権期の副大統領）を、上院でキンマウンミン氏（同上院議長）を副大統領候補として擁立したが、当然、上下両院の指名する副大統領はNLDの候補となった。

⑽ 連邦議会議員657人のうち、現職の副大統領と閣僚4人が公務のため欠席、病欠1人。

⑾ *Voice of America*, 15 March 2016, (http://www.voanews.com/content/brief-bio-of-newly-elected-myanmar-president-htin-kyaw/3237006.html)。

⑿ *Reuters*, 11 March, 2016, (http://www.reuters.com/article/us-myanmar-politics-idUSKCN0WD0BS)。

⒀ 政府は、正副大統領とここに挙げた大臣たちおよび連邦法務長官から構成される。連邦法務長官にはトゥントゥンウー氏が就任した。

⒁ この発言は以下のインタビュー記事にある。*Washington Post*, 19 November 2015, (https://www.washingtonpost.com/opinions/aung-san-suu-kyi-im-going-to-be-the-one-who-is-managing-the-government/2015/11/19/bbe57e38-8e64-11e5-ae1f-af46b7df8483_story.

html）．
⑮　*Myanmar Times*, 23 March 2016, （http://www.mmtimes.com/index.php/national-news/nay-pyi-taw/19609-who-s-who-myanmar-s-new-cabinet.html）．
⑯　アウンコー氏は2015年8月にシュエマン氏とともにUSDPの党役職から外されていた．
⑰　*Myanmar Times*, 4 April 2016, （http://www.mmtimes.com/index.php/national-news/19818-meet-your-chief-ministers.html）．なお，首相たちの平均年齢は56.93歳で連邦政府閣僚と比較すると7歳近く若く，14人のうち女性が2人，少数民族出身者が6人，キリスト教徒が4人とビルマ人仏教徒男性の割合は相対的に低い．
⑱　地方議会の活性化という論点は，以下のゾーミンマウン氏へのインタビュー記事にもみられる．*Mizzima*, 17 February 2016, （http://mizzima.com/latest-news-politics-news-opinion/zaw-myint-maung-%E2%80%93-%E2%80%98public-has-given-us-responsibility-it%E2%80%99s-our）．
⑲　カチン州のカッアウン首相の兄にあたるカッテインナン氏は第1期連邦議会で少数民族政党所属の上院議員（2015年選挙では落選）であったが，カッアウン氏本人は政治活動を行ってこなかったという．
⑳　この新設の省の名前はビルマ語では，国家顧問の後にオフィスにあたる言葉（ヨウン）と省にあたる言葉（ウンヂーターナ）が並列されており，直訳すれば国家顧問府省とも訳せるが日本語としては不自然である．格としてはほかの省と同じであるものの，実態としては大統領にとっての大統領府にあたる機関が国家顧問についても設置されたものと考えられるので，ここでは省を国家顧問府，その大臣を国家顧問府付大臣とした．
㉑　*Myanmar Times*, 11 May 2016, （http://www.mmtimes.com/index.php/national-news/20225-mps-quiet-as-state-counsellor-ministry-approved.html）．
㉒　軍系企業と中国企業によるレッパダウン銅鉱山の開発計画は，地元住民の反対によって2012年に問題化した．政府は同年末に開発計画続行の是非を調査するための委員会を，スーチー氏を委員長として組織した．委員会は，開発計画のいくつかの問題点を指摘したが，それらを改善したうえで開発を続行すべきとの結論をくだした．
㉓　実際のところ，1947年のパンロン会議には主要な少数民族の代表がそろっていたわけではなく，また，代表者が伝統的な土侯層に偏っていたなどの問題があった．
㉔　*Myanmar Times*, 28 April 2016, （http://www.mmtimes.com/index.php/national-news/20001-nld-leader-s-physician-tipped-to-take-part-in-peace-process.html）．
㉕　ミンアウンフライン国軍最高司令官は2016年中に定年年齢の60歳を迎えるが，メディアでは退役までの期間を5年間延長することになったという報道がなされている．*Voice Weekly*, 13 February 2016, （http://www.thevoicemyanmar.com/index.php/news/item/9832-bgm）［ビルマ語］，*Myanmar Times*, 15 February 2016, （http://www.mmtimes.com/index.php/national-news/nay-pyi-taw/18983-lost-in-transition-negotiations-hit-a-snag.html）．これが真実であれば，今後5年間，スーチー氏とミンアウンフライン最高司令官とが対峙し続けることになる．

〔参考文献〕

<ウェブサイト>
BBC
Mizzima
Myanmar Times
Reuters
Voice of America
Voice Weekly
Washington Post

終　章

今後の展望

中西　嘉宏・工藤　年博

　本書の締めくくりとして，アウンサンスーチー氏（以下，スーチー氏）が率いる国民民主連盟（National League for Democracy: NLD）新政権下ミャンマーの政治と経済のゆくえについて，現時点での見通しを提示しておこう。

政治の展望

　アウンサンスーチー新政権は安定するのだろうか。まだ始動したばかりで，しかも正副大統領，国家顧問，閣僚のなかで政権運営の経験があるものは数えるほどしかおらず，その行く末を予測することが大変難しい状況である。まずは政権当事者も含めて新政権の見通しはだれもわからないと認識することからはじめた方がよい。そのうえで，安定要因と不安定要因をそれぞれ挙げてみたい。
　安定要因は大きく3つある。第1に，政権と議会の任期が制度的に保証されている点である。大統領に議会の解散権はないので，NLDが分裂しないかぎりは，同党が過半数を占める議会は5年間続く。正副大統領が議会によって解任される可能性はあるが，そもそも議員による投票で正副大統領が選ばれているために，大統領の所属政党と議会での与党に「ねじれ」の関係が生じることはない。また，ティンチョー大統領自身の権力基盤は弱く，スーチー氏やNLDと対立するような事態は今のところ想定できない。大統領による議会の解散や，議会による大統領弾劾で政治が混乱する可能性は低いのである。
　第2の安定要因は，スーチー氏のリーダーシップがきわめて強力で，政権，議会，政党のあいだの一体性が高いことである。これは，党内の分裂や政権と議会とのあいだの対立による政治の不安定化を避けることに役立つだろう。政

権幹部を元将軍たちで固めた前政権ですら，政権と議会のあいだに対立が生じて，大統領が望むかたちで法案がスムーズに通過しない時期があった。しかし，制度条件は同じであっても，スーチー氏の現時点でのリーダーシップは大統領と議会とのあいだで合意を容易に形成できるほど強力なものである。となれば，これから 5 年間，政権にとってかなり有利な立法環境が続くことになる。NLD の法案作成能力は乏しいが，それは USDP も同じであった。重要なのは法案を通す力である。これは純粋に数の論理であるから，スーチー氏を中心にした NLD の団結力が有効だろう。

第 3 の安定要因は国民の支持の高さである。半世紀ぶりの文民政権といってもいいアウンサンスーチー政権への国民の期待は高い。権威的な体制からの移行期に誕生する民主的な政権への期待はどの国でも高い傾向があるが，それにスーチー氏の個人的な人気が加わるわけだから不思議なことではない。期待はやや過大で，国民の支持を現状のまま維持し続けることは難しいであろう。しかしながら，支持が急降下する可能性も低いように思われる。

その理由は，ひとつに，強い対抗勢力がいないことが挙げられる。前与党の USDP は依然として不人気であり，よほど根本的に党幹部の顔ぶれと理念を変えないかぎり，国民からの支持を獲得することは難しい。それ以外の政党のうち有力なのは少数民族政党ばかりで，彼らは全国政党にはなり得ない。

もうひとつの理由は，経済の見通しが明るいことである。世界銀行は2016年から2018年にかけてミャンマーの経済成長率を 7 ％台後半から 8 ％台前半と予想している（World Bank, Myanmar Economic Monitor, May 2016）。今のところ新政権は前政権の経済自由化路線を基本的に引き継ぎそうで，同国経済への世界的な注目度も高い。そのため，新政権下で順調に経済は成長しそうである。これは政治の安定にとって強い追い風になるだろう。

不安定要因はなんだろうか。第 1 の不安定要因はもちろん国軍の存在である。憲法改正のうち，より民主的な政治制度を導入するための改正については，国軍と NLD とのあいだに根本的な考え方の相違があり，妥協が成立する余地は少ない。政権発足のためにいったんは国軍との協調路線を歩むことにしたスーチー氏が，これから 5 年間のどこかのタイミングで憲法改正に乗り出すと，国軍とのあいだの緊張は高まるだろう。また，国家顧問法のように，憲法改正を回避しながら，憲法上の政治制度を骨抜きにしていくような立法措置を新政権が繰

り返せば，憲法の擁護者と自認する国軍を刺激することになる。

　また，より広くみれば，新政権による反汚職の動きや国有企業改革で，国軍関係者や国軍所有企業が捜査や疑惑の対象となった場合も，国軍の既得権益を脅かすことになり，政権と国軍との関係を不安定化する。もちろんそんなことはスーチー氏も承知しているはずで，まずは国内の停戦交渉を優先的に進めて，少数民族武装勢力の存在という国軍の政治関与の大義名分を切り崩したいところだろう。だが，政府が停戦交渉を進める一方で，国軍は軍事作戦を展開しており，両者の調整は相当困難である。

　第2の不安定要因はスーチー氏に依存したNLDの組織的特質である。スーチー氏の強力なリーダーシップは新政権の強みであるが，1945年生まれのスーチー氏に政府と党の意思決定権が集中している状態は，ひとたび彼女が何らかの事情で執務できなくなったときのことを考えると，新政権が抱えるリスクになる。執務できない状態まで想定しなくても，彼女ひとりでできることには限界がある。政権運営の安定のためには彼女を支える次世代の指導者が必要である。スーチー氏が信頼できる幹部を育てられるかは政権の今後の行方を左右するだろう。

　第3の不安定要因は市民社会の活性化である。長く軍政下にあったミャンマーでは，社会運動を通じて人々が自身の利益を要求する動きは抑制されてきた。前政権で進んだ市民的自由の拡大は，スーチー政権の誕生を契機としてさらに拡大し，市民社会がより活発化することは間違いない。労働運動，農民運動，学生運動，宗教活動，少数民族の権利要求運動など，本来多様で衝突することすらある社会の諸利益が，政府への要求や異議申立てとして今後ますます表明されるようになる。前政権下でも，たとえば仏教徒とイスラム教徒との衝突が起きるなど社会不安の兆候はあったが，政府がやや強権的な対応をすることで抑え込んできた。新政権はどのように対処するのか。対処の仕方次第では政権不信や社会不安を引き起こす可能性がある。

　経済の展望

　経済政策については，すでにテインセイン政権が経済改革に着手しており，スーチー政権も基本的にその路線を踏襲すると考えられる。すなわち，制度面では貿易と投資の自由化を推進し，外交面では多角的な国際関係を構築するこ

とによって，流入する外資を駆動力とした経済発展を実現しようというものである。こうした路線に基づいて，テインセイン政権期のミャンマーは年率7～8％台の高い成長率を記録してきた。ミャンマー経済はグローバル生産ネットワークへの参入により，成長軌道に乗りつつあった。

　国民に選ばれたスーチー政権の誕生は，こうした成長戦略を実現するために必要な国際経済環境をいっそう改善することに貢献するだろう。スーチー政権の誕生を国際社会は歓迎しており，その政権下でのミャンマーの経済発展を各国・国際機関は全面的に支援するはずである。国際経済環境の改善を象徴するひとつの出来事は，2016年5月17日に米国財務省が発表した米国の対ミャンマー制裁の一部緩和である。米国の制裁措置はテインセイン政権においても民主化への動きをみながら段階的に緩和されてきたが，この日さらなる緩和が発表された。具体的には，ミャンマー在住の米国人の経済取引規制を緩和し，SDNリスト[1]から国有企業7社と国有銀行3行を除外した。資源関係の国有企業が含まれており，今後外資との合弁事業などがやりやすくなる。また，ミャンマー金融セクターにおいて国有銀行の役割は依然として大きく，今回の緩和措置は国内金融の活性化にもつながると期待される[2]。そしてなにより，制裁緩和に伴うレピュテーション・リスクの低下が大きな効果をもつ。今後は米国企業もミャンマー進出を活発化させるにちがいない。

　実際，外国投資の流入は高い水準で続いている。2015年11月の総選挙と2016年3月末の政権移譲を控えて，2015年度（4～3月）のミャンマーの外国投資の受入は停滞するのではないかとの懸念があった。しかし，蓋をあけてみれば2015年度の外国投資の認可額は約95億ドル（対前年度比で18％の増加）となり，テインセイン政権発足後の最高額を記録した。ところが，新政権発足後にミャンマー投資委員会（Myanmar Investment Commission: MIC）が解散し，投資認可が止まってしまった。結局，チョーウィン計画・財務相を議長（新任），アウンナインウー投資・企業管理局長を事務局長（留任）とする新メンバーが任命されたのは，新政権発足後2カ月以上が経過した6月7日であった。この間，23億ドルの外国投資の申請案件が積み上がったという[3]。この金額自体は2015年度の認可総額の4分1に相当し，新政権下においても外国投資が高い水準で続いていることを示すものである。しかし，新MICはNLDから投資優先分野のリストをまだ入手しておらず，直ちに投資認可が再開されるかはわからない状況であるといわ

れる。また，議会は旧 MIC で認可されたふたつの投資案件の中止を決議した。

　もちろん，実質的に半世紀ぶりの政権交代であるから，経済運営が軌道に乗るまでにある程度の時間がかかることや，前政権下での認可案件の見直しは致し方ない面はある。ただし，こうした移行期間が長く続き，投資案件の予測可能性が低くなれば，NLD 政権の経済運営への不信が高まる可能性も否定はできないだろう。

　外国投資政策だけではない。注目すべき分野のひとつは農民政策である。NLD は公約時から農民の権利保護を謳っていた。とくに農地問題に関して NLD は，過去に起きた強制的な土地収用や移住について土地の返還や金銭の補償を求める声に応えると，国民に訴えてきた。しかし，土地問題は国軍や大企業の利害がかかわることも多く，また事実関係の確認や地権者の確定も難しく，その解決は簡単ではない。NLD の目玉政策である農地問題の解決も，必ずしも順調に進むとはかぎらない。

　新政権が発足直後から，政治犯の釈放，拘束されていた学生運動家の解放，汚職撲滅への取り組み，強権的な法律の改正や廃止，少数民族問題への取り組みなど，民主化を推進し，国民の権利を守るための改革を積極的に進めてきたのに対し，経済政策に関してはやや動きが遅いという印象があるのは事実である。もちろん直面する課題は山積しており，やるべきことが目白押しであるのに比し，新政権には人材も時間も不足していることは理解できる。すべての改革を同時に進められるだけのキャパシティは，政府にも議会にも党にもないだろう。しかし，そうであるならば，まずはスーチー氏自らが国内外に改革の方向性を示し，いつまでに何をするのか見取り図を語ることが重要ではないか。そうした改革への展望を得ることができれば，国内外の投資家は安心し，経済活動を活発化させるはずである。そして，具体的な経済政策の策定と実施に関しては，日本を含め広く国際社会の支援を求めていくことができる。

　スーチー政権は今，過去半世紀で最大の経済成長の機会を眼前にしている。この機会を生かすことができるのか。新政権の手腕が注目される。

【注】
⑴　米国大統領が，国家の安全保障を脅かすものと指定した国や法人，自然人を Specially Designated Nationals and Blocked Persons（SDN）と呼び，米国財務省外国資産管理局（Office of Foreign Asset Control: OFAC）が名簿を公表している。米国人・企業にはSDNリスト対象者の米国における資産凍結の義務が課されている。日本人・企業が対象となるものではないが，実態としてSDN対象者と日本人・企業がドル送金などを含めた金融取引を行うことは難しい。
⑵　一方，すでに制裁対象となっていたアジア・ワールド社の6つの子会社が，新たにSDNリストに追加された。米国は国軍との関係が強く，民主化への抵抗勢力となりかねない人・企業に対しては引き続き制裁を科すつもりである。
⑶　Global New Light of Myanmar（2016年6月12日付け）のアウンナインウー局長へのインタビュー記事。

巻末付録

〔巻末付録 1〕

2015年総選挙全政党リスト

88 Generation Democracy Party　88世代民主党
88 Generation Student Youths（Union of Myanmar）　88世代学生青年（ミャンマー連邦）
Akha National Development Party　アカ民族発展党
All Mon Regions Democracy Party（AMRDP）　全モン地域民主党
All Nationals' Democracy（AND）Party Kayah State　全民族民主党（カヤー州）
Arakan National Party（ANP）　ヤカイン民族党
Arakan Patriot Party　ヤカイン愛国党
Asho Chin National Party　アショー・チン民族党
Bamar People's Party　バマー人民党
Chin League for Democracy［※英語名登記なし］　チン民主連盟
Chin National Democratic Party　チン民族民主党
Chin Progressive Party　チン進歩党
Confederate Farmers Party（CFP）　連合農民党
Daingnet National Development Party（DNDP）　ダインネッ民族発展党
Danu National Democracy Party　ダヌ民族民主党
Danu National Organization Party　ダヌ民族機構
Dawei Nationalities Party　ダウェー民族党
Democracy and Human Rights Party　民主人権党
Democracy and Peace Party　民主平和党
Democracy Party For Myanmar New Society　ミャンマー新社会民主党
Democratic Party For a New Society　新社会民主党
Democratic Party（Myanmar）　民主党（ミャンマー）
Eastern Shan State Development Democratic Party　シャン州東部発展民主党
Ethnic National Development Party（ENDP）　諸民族発展党
Federal Union Party　フェデラル連邦党

Guiding Star Party　導きの星党
Inn National Development Party　イン民族発展党
Inn Nationalities League for Democracy ［※英語名登記なし］　イン民族民主連盟
Ka Man National Development Party　カマン民族発展党
Kachin Democratic Party　カチン民主党
Kachin National Congress for Democracy　カチン民族民主議会党
Kachin State Democracy Party (KSDP)　カチン州民主党
Karen National Party　カイン民族党
Kayah Unity Democracy Party (KUDP)　カヤー統一民主党
Kayan National Party　カヤン民族党
Kayin Democratic Party　カイン民主党
Kayin Peoples Party (KPP)　カイン人民党
Kayin State Democracy and Development Party (KSDDP)　カイン州民主発展党
Kayin Unity Democratic Party (KUDP)　統一カイン民族民主党
Kha Me National Development Party　カミ民族発展党
Khumi (Khami) National Party　クミ（カミ）民族党
Kokang Democracy and Unity Party　コーカン民主統一党
La Hu National Development Party　ラフ民族発展党
Lhaovo National Unity and Development Party (LNUDP)　ローウォー民族統一発展党
Lisu National Development Party (LNDP)　リス民族発展党
Modern People Party　近代人民党
Mon National Party (MNP)　モン民族党
Mro National Democratic Party (MNDP)　ムロ民族民主党
Mro National Development Party (MNDP)　ムロ民族発展党
Mro Nationality Party　ムロ民族党
Myanmar Farmer's Development Party (MFDP)　ミャンマー農民発展党
Myanmar National Congress　ミャンマー国民議会
National Democratic Force (NDF)　国民民主勢力
National Democratic Party for Development (NDPD)　国民発展民主党
National Development and Peace Party (NDPP)　国民発展平和党

National Development Party（NDP）　国民発展党

National League for Democracy（NLD）　国民民主連盟

National Political Alliance League　国民政治連盟

National Prosperity Party　国民繁栄党

National Unity Congress Party　国民団結議会党

National Unity Party　国民統一党

Negotiation, Stability and Peace Party（NSPP）　交渉・安定・平和党

New Era Union Party　新時代連邦党

New National Democracy Party　新国民民主党

New Society Party　新社会党

Pao National Organization（PNO）　パオ民族機構

Peace for Diversity Party　無差別平和党

People Democracy Party　人民民主党

People's Party of Myanmar Farmers And Workers　ミャンマー農民労働者人民党

Phlone-Sqaw Democratic Party　パロン―サウォー民主党

Public Contribute Students Democracy Party　公益学生民主党

Rakhine State National United Party　ヤカイン州民族勢力党

Shan Nationalities Democratic Party（SNDP）　シャン民族民主党

Shan Nationalities League for Democracy（SNLD）　シャン民族民主連盟

Shan State Kokang Democratic Party　シャン州コーカン民主党

Shan-ni & Northern Shan Ethnics Solidarity Party（SNSP）　シャンニーと北部シャン民族団結党

Ta-Arng（Palaung）National Party　タアン（パラウン）民族党

Tai-Leng Nationalities Development Party（TNDP）　タイレン（シャンニー）民族発展党

Union Democratic Party　連邦民主党

Union Farmer Force Party　連邦農民勢力党

Union of Myanmar Federation of National Politics　ミャンマー連邦民族政治連盟

Union Pa-O National Organization　連邦パオ民族機構

Union Solidarity and Development Party (USDP)　連邦団結発展党
United Democratic Party (UDP)　統一民主党
Unity and Democracy Party of Kachin State (UDPKS)　カチン州統一民主党
Wa Democratic Party　ワ民主党
Wa National Unity Party　ワ民族統一党
Women Party (Mon)　女性党（モン）
Wun Thar Nu Democratic Party　ウンターヌ民主党
Zo National Region Development Party　ゾ民族地域発展党
Zomi Congress for Democracy (ZCD)　ゾミ民主連盟

（出所）連邦選挙管理委員会ウェブサイト（http://www.uecmyanmar.org/index.php/voters）より作成。
（注）アルファベット順。

〔巻末付録2〕

ティンチョー大統領所信表明演説
（2016年3月30日）

連邦議会議長，連邦議会議員，ご来賓，国民のみなさま

　この連邦議会が私を大統領に選出してくださったことは，際立った歴史的事柄でありますために，大変光栄に感じていると申し上げたく存じます。大統領への就任により，私は連邦議会に対して責任を負う者となりました。
　2015年11月の選挙の結果，成立した第2期議会と政府は，ドー・アウンサンスーチー率いる国民民主連盟の方針にのっとって組織されたものであります。この新政府としましては，下記の方針である，

　　―国民和解の達成
　　―国内和平の達成
　　―民主主義フェデラル連邦制の実現をめざす憲法を生み出すこと
　　―国民一般の生活水準の向上

などを実現させてゆく所存であります。

連邦議会議長，連邦議会議員，ご来賓，国民のみなさま

　この日このときに，謹んで申し上げておきたいことがひとつあります。それは，先ほど私は大統領として宣誓を行ったところでありますが，その宣誓の内容を守り，いつも肝に銘じておくつもりだということです。
　さらに，〔ミャンマー〕国家にふさわしい民主主義の基準に見合った憲法を実現させるためにも，取り組んで参らねばならない責任があります。長い年月のあいだ，国民が待ち望んできたこの政治目標の実現に向けて，辛抱強く取り組んで参らねばならないことも承知しております。

最後に，このたび成立した政府は国民の期待や願いを叶えるために一意専心務めて参る所存であると謹んで申し上げます。
　すべての国民が穏やかな心で自らの人生行路をまっすぐに歩んでゆけますように。

（出所）*Myanma Alin*, 31 March 2016.

〔巻末付録3〕

国家顧問法
（2016年連邦議会法律第26号）
1377年ダバウン月黒分14日
（2016年4月6日）

前文

　ミャンマー連邦共和国が複数政党民主主義の促進と市場経済制度を採用し，平和で近代的な発展を遂げた国家を建設するべく，また，国民の切望する真の民主主義フェデラル連邦国家を強固に建設すべく，連邦議会がこの法律を制定する。

第1章
名前と定義

1．この法律を国家顧問法と呼ぶ。
2．この法律にある下記の言葉は，ここに示したとおりの意味を帯びるものとする。
　(a) 国家というのはミャンマー連邦共和国を指す。
　(b) 顧問というのは，第2章にある目的を達成させるために，この法律に基づいて任命を受けた者を指す。

第2章
目的

3. (a) 複数政党民主主義の促進
   (b) 市場経済制度の堅持
   (c) フェデラル連邦国家の建設
   (d) 連邦の平和と発展

第3章
任命

4. 2015年複数政党民主主義総選挙において，国民の信任によって一塊となった支持票を獲得した国民民主連盟議長ドー・アウンサンスーチーを連邦議会が顧問に任命する。

第4章
職務，職権と権利

5. 顧問の職務，職権と権利は下記のとおりである。
   (a) 憲法の規定に違反せず，国家と国民の福利のために助言を与えなければならない。
   (b) 助言，職務遂行については連邦議会に対して責任を負わねばならない。
   (c) 顧問はこの法律の目的を達成させるために，政府，関係当局，団体組織，協会組織，個人と連絡をとって職務を遂行できる。
   (d) 顧問は地位に応じて，月給，経費，建物などの権利の享受が認められる。
   (e) 顧問の給与，経費，建物などは連邦予算法で配分を決めておかねばならない。

第5章
雑則

6．顧問の任期は大統領の任期に従う。
7．この法律は，第2期連邦議会の会期中に職責を担う大統領の就任期間のためのみのものである。
8．連邦議会はこの法律に含まれる諸規定について必要な諸規則を発出できる。

〔巻末付録4〕

アウンサンスーチー国家顧問の新年あいさつ
(2016年4月18日)

　新年を迎えるこのときに私たち国民と世界中の人々みなが健康で幸福でありますように，艱難(かんなん)を免れていますように，心やすらかにいられますようにと祈念しております。
　私たちはこの吉祥のときに国民の皆さまにご挨拶申し上げる機会を得られたことを大変うれしく思っております。私たちがいま，この新年を迎えるときに，国民民主連盟新政権を通じて責任を背負えていることも，よい兆しであると思います。新たに物事を変えていこうとして，よき新機軸を打ち立てている時期なので，兆しがよいと申し上げたかったのです。
　国民民主連盟政権という表現についても少し説明したいと思います。これは，国民民主連盟を介して支配する，主権を執る，統治権を行使するといった意味でいっているのではありません。
　私が申し上げたい意味は，国民民主連盟が選挙前から国民の皆さまにお示ししてきた基本方針に基づき，築いていこうとしている統治システムのようなものであるということです。責任を負うという意味で申し上げたいのです。この責任を負うというのは，私たち国民民主連盟が定めた原則，基本原則に従って，責任を負うということです。
　この基本原則は皆さまがご承知のとおり，国民和解，国内和平，法の支配，憲法改正，民主主義の育成と定着に努めていくことなどです。
　最も重要なのが国民和解です。国中が発展して豊かになるためには，団結することがとても大事です。ですから，私たちがこの政府は国民和解を優先する政府だというときには，私たちの政党を支持して票を投じてくださった国民のためだけを考えているのではありません。私たちに票を投じなかった，私たちを支持しない国民のためにも，政府は責任を負うのだということを私ははっきりと申し上げたいと思います。
　差別はいたしません。民主主義に基づいて国民の皆さまが選んでくださった

ことで誕生した政権は，すべての人のために，すべての国民のために責任を負うのです。みなに等しく慈愛と誠意をもって接しなくてはならないのです。ですから，私たちは国民和解を大変重視しています。この重要な取り組みに，国民の皆さまが参加して私たちを助けてくださるだろうと期待しています。

　私たちの国に法の支配をもたらしたいといいましたのは，すべての国民が法の保護のもとに安全に暮らせることをめざしていったものです。法とは公正でなくてはなりません。よい効果を生み出せる法律でなくてはなりません。

　私たちの司法の柱は真直で効果的であることがきわめて重要です。司法については，公正さがなくてはなりません。国際的な基準に見合っていなければいけません。法が公正であるとは，公正な司法手続きが踏まれることだといわれています。行動を起こすだけでは終わりません。やるといったことはほかの人にもわかるようにせねばなりません。公正であるだけでは不十分です。公正であることを誰の目にも明らかにしなければならないでしょう。これが基本原則のひとつです。

　もうひとつ法の支配にとってやはりきわめて重要なのは，誰であれ，有罪であると思われても，確実な証拠がなければ無罪とされねばならないということです。これは法の基本条件です。罪を犯した人でさえ，裁判の過程で慈愛と憐憫（れんびん）によって減刑されねばならないということもあります。

　このような慈愛と憐憫による減刑の一歩として，私たちの大統領がこの新年を迎える時期に，署名をして恩赦に同意したのです。私たちの法の支配とは，国民を守るため，国民に対して心身の安全を与えるためのものです。

　国民を束縛するためではありません。抑圧するためではありません。法と聞くと怖がる人がいます。法が国民を抑圧するためのものだと考えているのです。そうではないということを私ははっきりと申し上げたいと思います。法の支配というのは，私たちの国の国内和平にとっても大変重要です。法の支配なくしては，和平を築くことは叶いません。和平について述べるとき，私たちは前政権の取り組みをすべてご破算にするつもりはない，ということも申し上げておきます。

　私たちはよい行いはよいと認めます。それを基礎にしてさらなる取り組みを行っていきます。ですから，国内和平については，〔前政権が〕停戦に取り組み始めたことを私たちは高く評価しています。この停戦が完了するように，すべ

ての参加すべき組織が参加するように，私たちは引き続き努めてまいります。

　和平会議を通じて，私たち国民全員が待ち望んでいた真のフェデラル民主主義連邦を建設するために，引き続き取り組んでいく所存です。国内和平と，さきほど申した私たちの真のフェデラル民主主義連邦の建設とには，とても深い関係があります。そのために私たちは憲法の改正も必要とするのです。

　この憲法は，真正のフェデラル連邦を成立させる憲法である必要があります。このような憲法改正を行うにあたっては，私たちは国民に悪影響を及ぼさない方法を採ります。国家の安寧を損なうような方法で進めていくことはありません。

　これは国民民主連盟がつねに掲げてきた原則です。国民を傷つけません。やらねばならないことがあるときには，私たちが前方に立っては受け止めるべきものを受け止め，後方に立っては防ぐべきものを防ぎます。国民を傷つけない方法だけを用いて私たちの国を正しい道に導いていくというのが，私たち現政権の揺るぎない基本方針であるといわせてください。

　現行の憲法について考えたとき，最も重要な点は何かというと，憲法第4条にある点です。それは，国家主権は国民に由来し，国全体に及ぶ，というものです。これは民主主義の基本原則です。

　私たちもこれにはまったく賛成です。これを完全に実践します。国民が肝要です。国民が第1，国民が第2，最後まで国民です。国民のための国家でなければなりません。国家は国民がいなければ意味がありません。国民のための政府でなければならないでしょう。この原則を私たちはいついかなるときも放棄しないと国民の皆さまに約束したいと思います。

　私たちの国は天然資源が豊富な国であると世界中の人々がいいます。しかし，率直にいえば，私はこのことをあまり重視していません。本当に重要なのは，国民の力量です。天然資源ではありません。天然資源はいつの日か枯渇してしまうかもしれません。

　また，世界を見渡せば，とても小さくて天然資源のない国でさえ，強勢を誇っています。経済発展を遂げた国も思い当たります。ですから，私たち新政府の目標のひとつは，国民の力量と能力を高めることにあります。

　国民が，国家に対して忠誠心を抱き，国家の職務を勤勉に果たすような国民になるように，私たちは努めていきます。私たちの国はさまざまなチャレンジ

に立ち向かっていかねばなりません。改革すべきことがたくさんあります。どこを改革すべきなのかということを，いまひとつずつ申し上げることはいたしません。多すぎて，終わらなくなってしまいます。しかし，とくに重要な問題が何かということは，国民の皆さまはご承知であると信じております。

　私たちは国民の判断力を信じているからこそ，民主主義のために戦ってきたのです。私たちが国民を信用していなければ，民主主義も信用する理由がありません。なぜならば，民主主義というのは国民による統治制度だからです。国民を重視しなければ，国民を信用しなければ，民主主義を打ち立てるのは夢のまた夢となります。

　私たちが国民を信用するように，国民の皆さまも私たちのことを信用し，協力と支援をくださいますようお願い申し上げます。政府だけでは，国家を成功に導くこと，国家を繁栄させ発展させることはできません。国民の参加が得られてはじめて，こうした事業を達成できるのです。ですから，国民の皆さまには，自らの責任を承知し，互いに手を取り合って取り組んでいく決意をしていただけますようお願い申し上げたいと思います。

　現在，世界は急速に発展を遂げています。私たちがこの発展する世界についていくためには，ほかの人たちよりもいっそう多くの努力が必要になります。第2次世界大戦の戦後まもなく，父はいいました。ほかの国々に追いつこうとするならば，ほかの国々が歩いているときに，私たちは走って追いかけねば追いつけないと。それでも，20年ぐらいのあいだに追いつけるかもしれないという話だったのです。

　いまも当時の状況とそれほど変わらないと私は思います。私たちは，ほかの国々が歩いているときに，走って，骨折り仕事をしてはじめて，ほかの国々に追いつくことができるのです。そこで，ほかの国々に追いつこうとするとき，私たちは正しい方法だけを用いたいと思っています。

　私たちの国を世界のなかで適切な地位につけたいということは，物理的な豊かさについていっているのではありません。私たち国民の能力に対して世界中が敬意を払うようにしたいという精神的な面についていったのです。私たちの国が世界のなかで適切な地位を占めたというのであれば，少なくとも，国民がどの国へ行っても，自分はミャンマーの国民であると自信をもって顔を上げていられるようにしたいです。

そのためには，みなが努力しなくてはなりません。私たちは国民の支持を求めるとき，簡単に公約はしませんでした。私たちはどんなときも，簡単に国が発展します，豊かになりますとはいってきませんでした。

　そのような約束をしなかったのは私たちに自信がなかったからではありません。国民を信用していなかったからでもありません。責任の重さを痛感していたためです。責任とは非常に重く，大きいものです。国一国の責任となれば，その重さと大きさもまた格別です。

　ですから，この責任を負うときには，すべきことが多すぎるので，これをやります，これを実現させますとは易々とはいえないのです。

　しかし，私たちは国民の参加と協力を得ることができるだろうと強調しておきたいと思います。国民の参加が得られれば国民は本当に支持してくれている，国民が本当に信じてくれていれば，私たちが成し遂げられないことは何もないといわせてください。私たちの国は世界の国々と渡り合いながら努力していかねばならない国ですので，国民の皆さまは私たちの外交政策についてもお知りになりたいはずです。ミャンマーは，独立したときから世界中の国々と親交を結んできました。

　それは私たちの国にとって，大変名誉なことでありました。1948年1月に独立を達成して以来，私たちの国は世界のなかの小国でした。戦時中に大変な損害をこうむった国でもありました。しかし，世界中が私たちを尊重していました。なぜか。数多の災厄のなかであってでも，私たち国民の能力が光り輝いていたからです。

　そのような輝きを取り戻すために，私たちみなが手と手を取り合って努力していかねばなりません。私たちはどのような主義に基づき，どのような理念をもって，前進を続けていくべきかを考えなければなりません。私たちが進むべき前途は遠いです。一国家の将来というのはこの世界があり続けるかぎり続きます。決して楽な道のりではありません。私たちは数多のチャレンジに立ち向かわねばならないのです。

　では，そうしたチャレンジにどのように立ち向かっていくのでしょう。私たち新政府は執政の経験がほとんどないということで，心配している人たちもいます。

　経験が少ないのはそのとおりです。しかし，私たちは経験豊富な人たちとと

もに手を携えて仕事をしていくことを厭いません。前政権の人だからといって排除するようなこともありません。私たちは国家に資する人であれば誰であれ協力し，私たちの仲間として仕事をしていただきたいと思っています。

　1947年の選挙のときです。ミャンマーの独立を期して選挙が実施されたとき，父がいった簡潔明瞭な言葉があります。この国を慈愛と誠実さでもって統治する。国家を慈愛と誠実さでもって統治するという意味は，国民に対して慈愛を注ぐ，国家に対して誠実であり続けるということです。これはとても単純で，いかなる政府であれ，国民を尊重するいかなる政府であれ，なすべき約束です。私たちもこの言葉どおりにやっていきたいと思います。国民に対して慈愛を注ぎます。国家に対して誠実であり続けます。このふたつさえできれば，私たちの国がうまくいくことは間違いありません。

　結論を申し上げれば，いまこのときから私たちの国の将来の栄光のために，私たち国民の全員が慈愛に満ち，誠実さを保てますようにと祈念しております。ありがとうございました。

（出所）　*Kyemon*, 18 April 2016.

執筆者紹介（執筆順）

中西嘉宏（なかにしよしひろ）（序章＊工藤年博，長田紀之共著，第1章，終章＊工藤年博共著）
所　　属　京都大学東南アジア研究所　准教授
略　　歴　2007年京都大学博士課程修了。博士（地域研究）。京都大学東南アジア研究所機関研究員，日本貿易振興機構アジア経済研究所研究員を経て，2013年より現職。
主要著作　*Strong Soldier, Failed Revolution: The Military and State in Burma, 1962-1988* (Singapore: National University of Singapore Press, 2013)，「民政移管後のミャンマーにおける新しい政治――大統領・議会・国軍――」工藤年博編『ポスト軍政のミャンマー――改革の実像――』（日本貿易振興機構アジア経済研究所，2015年），「戦略的依存からバランス志向へ――ミャンマー外交と対中国関係の現在」『国際問題』（2015年7・8月合併号）など。

工藤年博（くどうとしひろ）（序章＊中西嘉宏，長田紀之共著，第2章，終章＊中西嘉宏共著）
所　　属　政策研究大学院大学　教授
略　　歴　1994年ケンブリッジ大学修士課程修了（M. Phil）。日本貿易振興機構アジア経済研究所研究員等を経て，2015年より現職。
主要著作　『ポスト軍政のミャンマー――改革の実像――』（アジ研選書 No.39, 2015年），『図解ミャンマー早わかり』（中経出版，2013年），『ミャンマー・ルネッサンス――経済開放・民主化の光と影』（コモンズ，2013年），『ミャンマー政治の実像――軍政23年の功罪と新政権のゆくえ――』（アジ研選書 No.29, 2012年），『ミャンマー経済の実像――なぜ軍政は生き残れたのか――』（アジ研選書 No.12, 2008年），『大メコン圏経済協力－実現する3つの経済回廊』（情勢分析レポート No.4, 2007年）など。

長田紀之（おさだのりゆき）（序章＊中西嘉宏，工藤年博共著，第3章，第4章）
所　　属　日本貿易振興機構アジア経済研究所　地域研究センター研究員
略　　歴　2013年東京大学博士課程修了。博士（文学）。日本貿易振興機構アジア経済研究所リサーチアソシエイトを経て，2015年より現職。
主要著作　『アジア動向年報2016』（共著，アジア経済研究所，2016年），『ミャンマーを知るための60章』（共著，明石書店，2013年）等，論文に「植民地期ビルマ・ラングーンにおける華人統治――追放政策の展開を中心に――」『華僑華人研究』11巻（2014年），"An embryonic border: Racial discourses and compulsory vaccination for Indian immigrants at ports in colonial Burma, 1870-1937" *Moussons: Recherche en sciences humaines sur l'Asie du Sud-Est* 17（2011年）等がある。

複製許可およびPDF版の提供について

　点訳データ，音読データ，拡大写本データなど，視覚障害者のための利用に限り，非営利目的を条件として，本書の内容を複製することを認めます（http://www.ide.go.jp/Japanese/Publish/reproduction.html）。転載許可担当宛に書面でお申し込みください。

　また，視覚障害，肢体不自由などを理由として必要とされる方に，本書のPDFファイルを提供します。下記のPDF版申込書（コピー不可）を切りとり，必要事項をご記入のうえ，販売担当宛ご郵送ください。
　折り返しPDFファイルを電子メールに添付してお送りします。

　〒261-8545　千葉県千葉市美浜区若葉3丁目2番2
　　日本貿易振興機構　アジア経済研究所
　　研究支援部出版企画編集課　各担当宛

　ご連絡頂いた個人情報は，アジア経済研究所出版企画編集課（個人情報保護管理者－出版企画編集課長　043-299-9534）が厳重に管理し，本用途以外には使用いたしません。また，ご本人の承諾なく第三者に開示することはありません。

　　　　　　　　　　　アジア経済研究所研究支援部　出版企画編集課長

-------------------------- キリトリ線 --------------------------

PDF版の提供を申し込みます。他の用途には利用しません。

長田　紀之　中西　嘉宏　工藤　年博　著
『ミャンマー2015年総選挙――アウンサンスーチー新政権はいかに誕生したのか――』
【情勢分析レポート No.27】　2016年

住所　〒

氏名：　　　　　　　　　　　　　　年齢：
職業：
電話番号：
電子メールアドレス：

【表紙写真】
　2015年11月1日，選挙が目前にせまったヤンゴンでの集会でアウンサンスーチー氏の肖像を掲げ，党旗を振る国民民主連盟の支持者たち。（AFP＝時事）

〔裏表紙〕＊右上から時計回りに
写真1　投票当日，投票所の前に並ぶ人たち。ヤンゴンのティンガンヂュン地区で。（2015年11月8日，長田紀之撮影）
写真2　投票の翌日，ヤンゴンの国民民主連盟本部前に集まる支持者たち。（2015年11月9日，長田紀之撮影）
写真3　ヤンゴンのNLD党本部に並ぶアウンサンスーチー・グッズ。ブロンズ像とマグカップ。父親アウンサン将軍のグッズもある。（2015年8月19日，長田紀之撮影）
写真4　同上。講演VCDとDVD。（2015年8月19日，長田紀之撮影）

[情勢分析レポートNo.27]
ミャンマー2015年総選挙
―― アウンサンスーチー新政権はいかに誕生したのか ――

2016年10月3日発行　　　　　　　　　　　定価［本体1300円＋税］

著　者　　長田　紀之　　中西　嘉宏　　工藤　年博

発行所　　アジア経済研究所
　　　　　　独立行政法人日本貿易振興機構
　　　　　　　千葉県千葉市美浜区若葉3丁目2番2　〒261-8545
　　　　　　　研究支援部　電話　043-299-9735
　　　　　　　　　　　　　FAX　043-299-9736
　　　　　　　　　　　　　E-mail: syuppan@ide.go.jp
　　　　　　　　　　　　　http://www.ide.go.jp

印刷所　　岩橋印刷株式会社
　　　表紙デザイン　岩橋印刷株式会社

Ⓒ独立行政法人日本貿易振興機構アジア経済研究所　2016　　　　無断転載を禁ず
落丁・乱丁本はお取り替えいたします。　　　　　　　　　　ISBN978-4-258-30027-3

出版案内
「情勢分析レポート」

(表示価格は本体価格です)

No.	タイトル	解説
27	**ミャンマー2015年総選挙** アウンサンスーチー新政権はいかに誕生したのか 長田紀之・中西嘉宏・工藤年博 著　2016年 143p.　1,300円	約半世紀ぶりの自由で公正な選挙が行われたミャンマー。2015年11月の総選挙の分析から、アウンサンスーチー新政権誕生の軌跡を明らかにし、「ポスト軍政」の第2ステージを展望する。
26	**ASEAN共同体** 政治安全保障・経済・社会文化 鈴木早苗 編　2016年 187p.　1,800円	ASEAN諸国がその構築を進めているASEAN共同体は政治安全保障共同体・経済共同体・社会文化共同体の三つの柱から構成される。ASEAN共同体構築の名の下に、ASEAN諸国はどのような協力を行っているのかについて解説し、課題を指摘する。
25	**内戦終結後のスリランカ政治** ラージャパクサからシリセーナへ 荒井悦代 編　2016年 131p.　1,300円	26年間続いたスリランカ内戦を終結させ、経済発展をもたらしたマヒンダ・ラージャパクサは、なぜ失脚しなければならなかったのか。めまぐるしく変化した内戦後のスリランカ政治をコンパクトに解説する。
24	**習近平時代の中国経済** 大西康雄 編　2015年 147p.　1,400円	発足後2年半を経て習近平政権の基盤は安定し、改革・開放を再始動する環境が整ってきた。前政権から継承した短期、中期、長期の諸課題への取り組みを中心に、2022年までの同政権期における中国経済の行方を展望する。
23	**インドの第16次連邦下院選挙** ナレンドラ・モディ・インド人民党政権の成立 近藤則夫 編　2015年 207p.　2,000円	インドでは2014年の総選挙で国民会議派の与党連合が大敗し、ナレンドラ・モディが率いるインド人民党連合が政権に就いた。与党大敗の原因を探り、新政権の行方を展望する。
22	**タイ2011年大洪水** その記録と教訓 玉田芳史・星川圭介・船津鶴代 編　2013年 207p.　1,900円	タイの2011年洪水は日本にも大きな打撃を与えた。本書はこの自然災害を学際的な観点から概説する。洪水発生の原因や状況、タイの経済や社会への影響などを記録し、タイ政府が進める洪水対策について説明する。
21	**2012年ベネズエラの大統領選挙と地方選挙** 今後の展望 坂口安紀 編　2013年 132p.　1,200円	2012年の選挙結果からは、その直後のチャベス大統領死去や後継政権誕生後の展望を占ううえでの重要な情報が読み取れる。2つの選挙後のめまぐるしい情勢変化についても概説する。
20	**習近平政権の中国** 「調和」の次に来るもの 大西康雄 編　2013年 163p.　1,500円	2012年秋の共産党大会、2013年春の全国人民代表大会を経て習近平政権が本格始動した。習政権は、直面する内外の課題を克服して中国を世界第2の大国に押し上げ得るのか。多面的に分析を試みる。
19	**中東地域秩序の行方** 「アラブの春」と中東諸国の対外政策 土屋一樹 編　2013年 197p.　1,800円	「アラブの春」は中東の地域バランスにどのような変化をもたらすのだろうか。中東9カ国の対外政策と国内統治の動向を検討することで、「アラブの春」以降の中東地域秩序の変動を考える。
18	**馬英九再選** 2012年台湾総統選挙の結果とその影響 小笠原欣幸・佐藤幸人 編　2012年 131p.　1,200円	台湾では2012年1月に総統選挙が行われ、国民党の馬英九が再選を果たした。馬の再選はなぜ可能だったのか。台湾と中国の関係を軸に、政党の構造や戦略にも分析を加えながら読み解く。
17	**転換期のベトナム** 第11回党大会、工業国への新たな選択 寺本実 編　2012年 187p.　1,700円	ベトナム共産党の第11回党大会が2011年1月に開かれ、政治・経済・外交にわたる今後の基本方針が定められた。同党大会とその前後の状況、文脈を、多角的な観点から読み解く。
16	**ラオス人民革命党第9回大会と今後の発展戦略** 山田紀彦 編　2012年 145p.　1,300円	2011年に行われたラオス人民革命党第9回大会、第7期国会議員選挙、第7期第1回国会という一連の政治イベントを多角的に分析し、今後のラオスを展望する。